JN331718

執筆にあたって

初めて手にした本は、小さな家の話であった。丘に建つ小さいながらも楽しいお家、朝には太陽が見え、夜には月と星の輝きにつつまれる。しかし、いつのまにかまわりにはどんどんと高いビルが立ち並び、もう太陽も月にも星たちにも出会うことができない。そんなお家を見て「これは私のおばあさんが小さなときに住んでいたおうちにそっくりだわ」といってくれる人に出会う。その人のおかげでお家は引っ越しをすることになり、またお日様や月に出会え、以前の暮らしを取り戻すこととなるのだった。

京都の街を歩いていると、この物語を思い出さずにはいられない。ビルの谷間にひっそりと建つ家がある。盆地という風土の中で生み出され、幾多の困難を乗り越えいまに継承されてきた。何気なく通り過ぎてしまうけれど、ひとたびそこに暮らしてみると、先人たちの生きる知恵と技が吹き込まれている家であることがわかる、いわゆる町家とよばれる家である。本書執筆中にも散歩をするたびに、それらの家がひとつまたひとつと姿を消していくのに出会ったものだ。人にはそれぞれ事情があるのだろうけれど、この街に高いビルが似合っているのだろうか。街角の風景はどんどんと個性をなくし、地下鉄を上がってくるとどこに自分がいるのかわからなくなる。戦時中、焼け野原になることを免れた都市である京都、そのことには何の意味も価値もないのだろうか。このままで、後世に何を伝えていくつもりなのだろうか。

「文化とは生き抜くことだ」、これは小原旬というアーティストが筆者に語ってくれたことばである。彼は、江戸時代の面影を色濃く残す妻籠《つまご》宿で和柄の服を作成、販売している人だ。このことばを信じるならば、家づくり、すなわちマンションや建売住宅、ハウスメーカーが提供する家に住まうこととは一線を画した自分のコンセプトに基づいた家に住まうことも文化であり、それを生き抜くことであるといえるかもしれない。本書は筆者と連れ合いである李の〝生きられた家づくり〟とそこでの生活の記録である。

第一部では、李が初めて自分の家をつくり、暮らすことを語る。読者のなかで、町家の暮らしそのものに関心のある方は、ここはあとまわしにしてくれてかまわない。第二部では、齋藤が家探しから現在の住まいとの出会いまでの過程について紹介していく。第三部では、第二部に続いて齋藤がいわゆる京町家とよばれる家で実際に暮らすことについて語る構成となっている。自宅を建てたい、あるいは探している、京都の暮らしといったことに関心を持っている方に手にとっていただければ幸いである。

齋藤　由紀

目次❖京都の町家を再生する　家づくりから見えてくる日本の文化破壊と文化継承

第一部　京都で「町家」に住むということ――1

第二部　町家を手に入れる——町家に手を入れる——85

第三部　二〇一〇　町家に暮らしてみて——135

第一部　京都で「町家」に住むということ

古い民家のひとつの読み方がここに示されている。民家から何をひきだすべきか。住むことと建てることが同一化される構造があったことを見出すこと、この構造の意味を知ること、それ以上ではない。この一致がわれわれに欠けており、その欠落（故郷喪失）こそ現代に生きているわれわれの本質であると考えることが必要だと、ハイデガーは述べているわけである。

（多木 二〇〇一：一二三頁）

はじめに

わが家にはテレビがない。こういっても、最近は驚かれなくなった。どうもテレビの地デジ化の影響で、テレビを買い控える人がまいたため、テレビがない家もそこそこ出てきたからだろう。しかし筆者の場合、自分の家に一五年以上テレビを置いていないわけで、かつて自分の下宿にテレビがない旨を学生に告げると、一様に驚いたような顔をされたものだった。少なくとも、地デジ化以前の日本では、テレビを持たない家は珍しかっただろうし、そのせいかNHKの集金人も、テレビがないというと怪訝《けげん》な顔をしたり、疑ったような行動をとったりするほどだった。

もちろん、筆者だってテレビをまったく見ないわけではない。出張先のホテルでは、資料収集やインタビューでふらふらになった頭を休めるためにテレビをつけることもある。このときの鑑賞方法は、内容をきちんと見るという見方とはおよそ距離のあるものだ。そして、筆者は映像を流しっぱなしにしながら缶ビールをあおり、学生の頃のテレビの使い方を思い出しては苦笑したりするのだ。

筆者はもともとテレビ大好きな人間だった。お笑い関係は必ずおさえていたし、討論番組などもだらだら見ていたことを思い出す。でも、若かりし頃もっとも熱狂したのは野球を筆頭としたスポーツ中継だった。筆者は東京生まれの東京育ちではあるが、贔屓の球団は読売ジャイアンツではなかったので、いつもテレビで見られるわけではなかった。そのため、たまさか放映される実況中継はかぶりつきで見たものだった。

多少まわり道になったが、なぜこのようなテレビの話をするかといえば、現代の家づくりにはテレビの処置が問題となることが多く、京都の町家とよばれる建物を取得したあと、このテレビをめぐって少々考えることがあったということが理由としてあげられる。

> たとえば古い民家にはいると、異様になまなましくぎらついている箇所が目につく場合が多い。すっかり黒ずんだ壁や戸の上に、色あざやかなカレンダーがかかり雑誌の切抜きが貼られている。（中略）居間の一隅にはきまってテレビがある。（多木 二〇〇一：二〇六頁）

この「古い民家」という、色彩の乏しい家に、ぎらつく色を発するテレビや写真がいかに不釣りあいかがよくわかる描写だ。その色彩の違いは、流れている時間の違いであり、であるがゆえ、古い民家で現代生活を営めば、この問題とは無縁ではありえない。筆者はこのような状態を避けるためもあり、あえてテレビは排除した。それでも、カレンダーの置き場には困っている（仕方なく台所にある）。要するに、どうしようもなく空間が「まがいもの」になってしまうのだ。

余談はこれぐらいにして話をもとに戻そう。このテレビをめぐる問題を「はじめに」で取り上げる理由はもうひとつある。それは、先に述べたプロ野球の話の延長で、その球団を運営するオーナー企業の問題にふれたかったからだ。

テレビも新聞もない家に住んでいても、時事関係の情報はつねに入り込んでくる。たいがいはネットからのものなのだが、最近その「ネット」にかかわる企業、すなわちＩＴ関連の企業が、次々とプロ野球の球団経営に乗り出しているという。福岡ソフトバンクホークス、東北楽天ゴールデンイーグルス、横浜ＤｅＮＡベイスターズといった球団名がさっと浮かぶが、これらの企業が球団を買収するのは、それらが現代の日本で活力にあふれた企業であり、それだけＩＴ業界が元気だからだろう。

だとすれば、かつての球団経営企業の様相を見ていると、どの時代にどのような業種が元気だったかわかるということになる。例えば、昭和の敗戦直後からの球団経営には、近鉄バファローズ、阪急ブレーブス、南海ホークス、阪神タイガースといった在阪球団はどれも鉄道と関連していたし、東急フライヤーズ（一年後、東映に変更）、国鉄スワローズ（のちにサンケイ新聞が経営権を取得しサンケイアトムズ）といった在京球団はもとより、西鉄ライオンズなどという九州の球団にいたるまで、ほとんど鉄道会社なしでは語れないほどだったといえよう。これに次ぐのが新聞業界で、大毎オリオンズ、中日ドラゴンズ、読売ジャイアンツといった球団が顔をそろえるが（すでに述べたようにサンケイ新聞もまもなく参戦）、それでも鉄道には大きく水をあけられていた。一九五〇年代には鉄道や新聞とまったくかかわりのない企業が経営していた球団は、まるは大洋ホエールズと市民球団として発足した広島カープぐらいではないか。やはり、敗戦直後の経済政策のなかでの石炭に重点を置くという時代の要請で、インフラにかかわる業界がより力を持っていたといわざるを得ない。また、当時の娯楽の王様が旅行であり、いまのように海外旅行が一般化する前という時代背景も手伝って、国内旅行が盛んだったということも鉄道会社を優位に押し上げた一因としてあげられるだろう。そして新聞は、テレビが家庭に定着するまで情報を仕入れるための最大かつ最高の媒体であったわけで、敗戦後を生きる日本社会では必須のものだったといえまいか。

ところが、これが六〇年代後半から七〇年代以降に徐々に変化してくる。日本社会全体の傾向としては、一通りのインフラ整備が終わり、時代は第三次産業へと傾斜していく時代である。東京オリンピックからいわゆる「ミッチー・ブーム」を経て、テレビも急速に家庭に浸透した。そのとき、すでに述べたように、国鉄はサンケイを経てヤクルトに、大毎はロッテに、西鉄はクラウンライターを経て西武に、東映は日拓ホームフライヤーズを経て日本ハムファイターズへと目まぐるしく母体となる企業が変わり、さらに八〇年代からバブル期にかけて、南海は大規模小売業のダイエーに、阪急はリース業界最大手のオリックスに経営権が譲渡された。そして今世紀に入ってからは、近鉄は消滅（楽天が後継球団を設立）、阪神もあやうく村上ファンドに経営権を奪われる寸前まで陥ってしまった。要するに、鉄道会社と新聞社は球団経営からほとんど手を引き、代わってサービス業そしてＩＴ産業が参入した状態といえよう。それと同時に、価値観の多様化といった社会の変化もあり、野球が日本スポーツ界の王様からずり落ちてしまったことも忘れてはなるまい。

ながながと野球について述べてみたが、これは右に見た「日拓ホーム」に注目してほしいからだ。日拓ホームは、近年は社長がタレントの神田うの氏と結婚したことで再びマスコミの注目を浴びたが、この会社が一九七三年に野球団を経営していたということ、そしてその時期はちょうど鉄道と新聞の占める割合が高かったプロ野球界がサービス業中心のものへと入れ替わる谷間にあたる頃だったということは、もっと注目されていいことだと思う。

この一九七三年には、当時一六才だった小坂明子氏が「あなた」でデビューを果たしている。「もしもわたしが　家を建てたなら」ではじまるこの歌は、幸せな家庭には理想の家が必要であるという思いがこもっている。家を「建てる」ということは、家庭を営み、幸せを手にする手段として、広く認知されていたのである。そして、その「家」を商品として売る（後述）企業である日拓ホームが同じ年にプロ野球に参入し、一気に企業名をひろめている。「家」は建てなければならないものであり、都会に集中する人びとの住み処を売る業界がもっとも新鮮であった時代、それが一九七三年だったのだろう。もちろん、中産層のいだきはじめた「持ち家の夢」がいかにもろいかを見せつける景気の大変動、すなわち第一次石油危機が日本社会に激震を起こした年であることも、記憶しておいたほうがいいかもしれない。

阪急をはじめとした鉄道会社も敗戦前から宅地造成などを手がけている。このあたりの研究は祐成保志氏の『〈住宅〉の歴史社会学』でも詳細に論じられているが、このような「前史」があるのを承知で日拓ホームの問題をあげるのは、やはり現在的な意味での家の供給が日拓ホームのようないわゆるハウスメーカーの存在・発展と密接な関係にあるといえるからだ。このハウスメーカーという日本独特の家の供給会社の存在（後述）は、日本の敗戦後の社会を語るうえでどうしてもはずせないと考える。

しかし、日拓ホームがたった一年で野球経営から退いたことからも象徴されるように、この商品としての家を売る業界は、この時期を頂点として変化していく。それは、家を「建てる」時代から、家を「買う」時代へと変わっていく、ちょうど転換期にあたるわけだ。昨今はやりの作家である有川浩氏の小説『フリーター、家を買う。』にもあるとおり、家は「買う」ものだという認識が、むしろ現代では一般的になっているのだろう。この『フリーター、家を買う。』では、主人公は父親とともに二世代ローンを組み、川越にｎＬＤＫすなわち「部屋数＋リビング・ダイニング・キッチンの形式を取る商品化住宅」を「買う」。

バブル期に家を求めて右往左往する三〇代サラリーマン夫婦を軸に、地価高騰の狂乱を描いた矢崎葉子氏の実録風小説『それでも家を買いました』は、貯金以前に天文学的な抽選を勝ち抜かなければ都会のマンションを手に入れられないという状況を鋭く描写している。この小説では主人公の家族は都会のマンション生活をあきらめ、郊外の新興住宅地に土地を取得して、自分たちの家を新築するのだが、要するに当時は、親が大きな地所か財産を残してくれていない限り理想の家を持つことは、少なくとも都会では不可能になったという状況がよくあらわれている。

この八〇年代半ばには、京都のハウスメーカーが建てた「家」に幸せそうな家族を一年のあいだ住ませて広告塔の役割をさせ、その報酬としてその家を一家に進呈するという趣向で書かれた『砂の上のロビンソン』（上野瞭）という小説がある。この物語の背景にも、都会に土地を準備して理想の家を「建てる」ということがいかに困難かという状況があらわれているといえるだろう。この作品とほぼ同時期に小池真理子氏が発表した小説『墓地を見下ろす家』は、都心にほど近い3LDKの新築マンションを三二〇〇万円という当時では破格に安い金額で手に入れた家族の話だが、これは墓地につくられたマンションで、ついには主人公一家は霊に取り殺されてしまう。これらの小説の出来については、ここではふれないでおきたい。ただ、先の『それでも家を買いました』と同じように、抽選と住宅ローン設定というふたつの障害を乗り越えなければ、商品化住宅すら手に入らないということをおさえるにとどめよう。そして、もしもそのような障害の低いものを手に入れようとすれば、それは「いわくつき」の家になってしまうという当時の首都圏をはじめとした大都市圏の世相を皮肉っているといっていい。バブル期は、ふつうのサラリーマンには都心近くにマンションなど手に入れようもなかったのだ。

話をもとに戻そう。八〇年代には新婚夫婦が家を準備するとしたら、マンションでなければ郊外の建売を「買う」しかありえなくなっていたし、その金額もいわくつきのものでない限り、相当な額に達していたということなのだ。先にふれた『それでも家を買いました』では、主人公の一家は都心まで片道二時間以上かかるところに土地を取得して家を「建てる」という選択をせざるを得なくなっており、「建てる」という行為がマンションを「買う」という行為を下まわっていることが見てとれる。八〇年代には便利なところに建売住宅かマンションを「買う」のがより現実的な選択で、家を「建てる」というのはむしろ都会生活とかけ離れたものになってしまっているわけだ。

このように、家を「建てる」から「買う」への変転は、八〇年代に極まった感がある。そしてその傾向は、一九七〇年代半ばからの物価高騰（インフレ）も一役かっているだろう。事実、第一次石油危機は奇しくも一九七三年に起こったものであり、インフレはその後八〇年代まで続いている。物価上昇にともない、土地も家を「建てる」費用も高騰し続けている以上、都会生活者が家を持つなら、現実的な「買う」という行為に偏らざるを得ないではないか。

もちろん、時代は変わった。九〇年代のバブル経済崩壊後、地価は下落し、また人口も減少へ転じた。敗戦後の住宅難を克服するためにつくられた最初期の集合住宅（後述）や六〇年代のマンションは建て替え時期を迎えつつあり、都市部で家はあまりつつある。金利はいままで以上に安くなり、ついに住宅ローンは一パーセント代（二〇一三年現在）といった程度にまで落ち着いている。なんとなく「理想の家をつくる」ということが可能な時代が来たとも思えるのだが、それ以上に労働環境が悪化しているせいか、依然として都市部に土地を取得するのは難しく、やはり現実的には「家」とは「建売かマンション」という状態が続いているといっていい。

さて、そろそろ本題に入ろうか。この本は、京都の中心部に、いわゆる「京町家」(後述)とよばれている土地と建物を幸運にも取得した筆者たち夫婦の体験から書かれたものだ。だから、筆者たちは家を「建て」ていない。そこで感じたこと、考えたことなど筆者たちの体験をふまえて、日本の文化継承と文化破壊について考えるという趣向のものである。また、「家づくり」の体験記の部分は主として齋藤が第二部以降に担当している。そしてあくまでも、研究者という職業についている筆者と齋藤由紀ならではの視点から見た、「家づくり」を通して感じた問題を取り上げ、そして考察するのが目的である。

だから、単に自分の家づくりの記録を本にまとめるというものではなく、現代日本にとっての「家」とは何かについて、さまざまな方面から考えてみることが狙いとなっている。主に李がこの部分を担当することになる。その過程で、「家」すなわち「家族が住むハコ」のことを、「住まい」といういい方もする。なぜならば、「家」といってしまうと、「家族が住むハコ」という意味のほかに、家制度や家庭、家族といった意味合いが付随しており、一瞥《いちべつ》して意味がわかりづらい部分もあるからである。見出し語などでもこのことばは用いられることになるだろう。

このようなことをふまえたうえで、この小著が京都に住むことを目的としている方、これから「家づくり」をしようとしている方、そしてなによりも「京町家」そして京都の文化に関心を持つ方の参考になれば幸いである。

一、商品住宅としての古民家

「家づくり」と簡単にいうが、そもそも「家」とは何のことを指しているのだろうか。もちろん、人が住むところが「家」なのだとは思うが、ここではもう一歩踏み込んで考えてみよう。「家」とはどのようなものなのだろうか。祐成保志氏は、柳田国男『明治大正史 世相編』に収録されている「家永続の願い」のなかに登場する「四十五枚の位牌」をつつんだ風呂敷を背負った九五歳の老人のことにふれながら、次のようなことをいっている。

現代の私たちはこの老人を「ホームレス」（家をもたぬ人）と呼ぶことに何のためらいも感じない。しかし、彼（老人――引用者）は文字通りイエという名の住居を背負いながらさまよっていたのではないか。彼にとって位牌とは、祖霊と身体を結ぶメディアだったのではないか。だとすれば、イエの系譜から切り離された住宅に住む人々もまたかたちを変えたホームレスであると見ることもできるかも知れない。

（祐成　二〇〇八：五―六頁）

この書物で祐成氏は「住宅が家族という集団が活動する『舞台』として固定されるとき、住宅は焦点化されない。（中略）言いかえれば、身体とモノの動き、そしてそれらの間で織り成される交渉過程に着目するとき、住居は対象として浮かびあがってくる」（祐成 二〇〇八：三一頁）として、住居をめぐる言説すなわち「それについて語る人々であり、それについて語る場所と視点、それについて語らせ、人々の語るところを集積しかつ流布させる制度」（祐成 二〇〇八：四六頁）を分析していく。

祐成氏の議論は興味深いものだが、右に見たところで筆者の議論と関連するところは、「ホームレス（家を持たぬ人）」のくだりだ。たしかに現在の、とくに郊外の住宅や都心のマンションは、地縁や血縁といった紐帯から切り離された存在であり、ここにはハコはあってもイエはない。これはいつ頃から一般化した現象なのだろうか。山本理奈氏は「マイホーム主義」という言説が「高度経済成長を背景とした産業構造の転換、都市への労働力移動、就労構造の変化といった、戦後日本社会における大規模な社会の構造的変容と相関しており、私生活を思考する人びとの感覚・意識・生の様式などの総体を示していた」ことから、マイホーム主義を「家族イデオロギーに還元してしまうことは慎重に退けなければならない」（山本 二〇一四：一〇九頁）と述べたうえで、次のようにまとめている。

〈先行研究を整理すると――引用者〉マイホーム主義を、⑴農村から都市への労働力移動がもたらした〈家郷〉喪失の感覚と都市に蓄積されたアノミーを代償する社会意識であるととらえる視点、⑵男女の性役割分業を土台としつつ、企業や組織へ帰属することを通して資本主義のシステムに適応する社会意識としてとらえる視点、⑶第二次世界大戦という長期におよぶ戦争と死の経験を背景とした、人びとの「生」を求め、「生」を肯定しようとする社会意識ととらえる視点、以上の三点である。（山本 二〇一四：一一〇頁）

要するに、第一次産業が主だった産業構造が高度経済成長期に第二次産業、第三次産業へと大幅に転換したため、ほんらい家を継ぐべき長男まで都市へ働きに出るという状況となったことが大前提となる。そのうえで、企業が家族ぐるみの労務管理を行うようになったこと、そして戦争の傷跡から立ち直るべく幸せな家庭づくりが目指されるということが、それぞれ六〇年代の言説から読みとれるという。これらの言説も、祐成氏のいう「交渉過程」として受けとれるだろう。

そして山本氏は、「〈マイホーム〉は旧来の『家』とは異なり、村落共同体の空間的な紐帯（地縁）からも、先祖の位牌に象徴されるような時間的連続性（血縁あるいはその擬制）からも切り離された抽象的な場所のうえに形成されていった」（山本 二〇一四：一五五頁）と述べている。いわば「根こぎされた大衆」が、このマイホームをめぐる言説からは読みとれるわけだ。その限りでは、「位牌」＝

時間的連続性（血縁）しかもたない九五歳の老人の「ホームレス」性と同様に、「家族を容れるハコ」を経済的に取得しているものの「空間的な紐帯（地縁）」も「時間的連続性（血縁）」も持たない現代日本の都市生活者は「ホームレス」性が強い＝「かたちを変えたホームレス」だといっていい。

以上のように、祐成氏は主に戦前期の言説に注目し、山本氏は高度経済成長期から低成長期における日本の住宅問題を主たる対象としている。両氏の議論は、これまで近代家族論か建築学の議論に傾斜して論じられてきた日本の住宅を、社会学の研究対象として浮かびあがらせるという非常に野心的な論攷として評価できよう。

筆者の経験で語るなら、筆者自身が日本生まれの外国籍者（韓国済州島出身者の子孫）という位置づけになるわけで、この時点で日本での社会的紐帯は、時間的にも空間的にもかなり薄い。もしも郊外の土地に新築の家を取得したとすれば、おそらくはこの「かたちを変えたホームレス」として疑問を持たずに生きていけたといえよう。

しかし、右の議論は高度経済成長期以降に都市に流入した人びとにあてはまるものであり、現実にその流入人口は社会構造に深刻な変更を強いてきたものであることは認めつつも、しかし都市生活者のなかにも、いわゆる「空間的な紐帯」と「時間的連続性」を維持している者がないわけではない、という事実が忘れられがちになっているのではないかと、あえて批判的に考えてみたい。京都の街中に住んでみて、それを多少なりとも感じることができたからだ。

もちろん、戦前からはじまったホワイトカラー層をあてこんだ郊外の開発にはじまり、敗戦後の産業構造の根本的な変革にともなう都市部の人口増大に対応した建売住宅とマンションの建設という流れは、たしかに都市部の「空間的な紐帯」や「時間的連続性」をあるいは破壊し、あるいは大幅に変質させただろう。しかし、それでも都市部の「空間的な紐帯」も「時間的連続性」もなくなったわけではないのではないか（この問題は、次節にゆずる）。

前出の山本氏は、敗戦後の住宅が、住宅難解消という意味から、高度経済成長期に消費へと変わっていったさまを詳細に論じている。郊外の建売住宅やマンションを「買う」かたちでの住宅の取得は、典型的な「消費」としての住宅だ。だとすれば、注文住宅や筆者のような「古民家再生」は、この消費とかけ離れた行為なのだろうか。いや、そんなことはあるまい。筆者は自分の住宅取得の過程が「消費」であったことをいっさい否定しないし、また否定できない。それはどうしてなのか、また山本氏のことばに耳を傾けてみよう。

> 一九六八年に全国の住宅総数が総世帯数を超え、一九七三年にはすべての都道府県においても住宅数が世帯数を上回るようになると、もはや量的な充足は一定の解決を見ることとなり、質的向上への転換が目指されることになる。（山本 二〇一四：二〇八頁）

（高度経済成長が終わり、低成長期に入ると――引用者）マテリアルな差異――素材の肌理、質感、手触り、感触――が喚起する感覚的なイメージの度合いが、商品化の焦点となっていく。たとえば、キッチンの天板がステンレスなのか、御影石なのか、そしてそれはあたたかい感じがするのか否か、心地よいのか否か、落ち着くのか否か、といったことが問題になってくる。ここで重要なことは、これらのマテリアルな差異が喚起する感覚的なイメージは、形態の差異や商標の差異といった限界差異に還元することができず、身体の触覚的なリアリティをともなったものに変質していることである。（山本 二〇一四：二〇九頁）

七〇年代初頭に消費財としての住宅は質的な差異をもって商品化されていった。ちょうどこの頃、日拓ホームがたった一年の命ではあれ球団を経営したのは、住宅の商品化の問題と深く絡《から》んでいるだろう。そして、八〇年代以降、低成長期と位置づけられる現在の住宅は、身体的な感覚によって差異化＝商品化されるといっていい。早い話が、具体的な機能の差や絶対的な質の違いというより、感覚的な差異が消費財として各人にとって価値をもたらすということだ。そして、その「身体的な感覚」の最たるもの、あるいはその極限にあたるものが無垢の木でできた「古民家」であるといえよう。筆者の住宅選びは、まさに山本氏の指摘にある「触覚的なリアリティ」を介して行われたものなのである。

さて、筆者の取得した家は、ほぼ一〇〇年前に建てられたものと推定される。まず二階部の天井が低くなっており、厨子《つし》二階という構造になっていることから、昭和期の建物とは思えないからだ。この厨子二階は、「武士を見下《みお》ろさず」という江戸期の思考方式から考案されたもので、基本的に「二階はない」という態度をあらわすための構造だ。だから、筆者が最初にこの家を訪問したときも、階段はふすまを開けなければ上がれない（階段がふすまに隠されている）状態だった。これも二階をこっそりと存在させるという知恵である。明治期まではこのつくりの家が多い。

そのほかにも、この家には基礎がなく（一九五〇年の建築基本法施行以前の建物にはいわゆる「基礎」がない）、土地の上に単に建物が置いてあるだけで、建物の重みで建っているという構造になっているのだが、柱の下にレンガが一部使われていたことから、大正期を前後する時期のものではないかと類推した。明治中期以前の建物なら、柱を置く台は石に限られているからだ。天井を解体して施行し直すときに、天井裏から書付が出てくれば、建てた年代が確定できるのだが、残念ながら出てこなかった。そこで、すでに述べたような事実から、筆者はこの建物を一九一〇年代につくられたものと考えている。

第二部で齋藤が詳しく述べるが、思ったような物件が見つからず、京都での住宅選びは難しいかとあきらめかけていた頃、ふと寄ったこの家に筆者たち夫婦はひかれた。その黒光りする柱、木の壁、出格子、庭にあった石灯籠やツクバイ、大きな沓脱石（あとでわかったが鞍馬石だった！）、大商家のものとはくらべるべくもないが火袋──昔は火で煮炊きをしていたがゆえ、竈（おくどさん）は土間にあり、その上は二階まで吹き抜けになっていた。この吹き抜けを火袋という。ちなみに京都の民家には裏庭に続く通り庭（ハシリともいう）があり、ここに竈や井戸があった──にはゴロンボ（火袋の梁）が通っている。残念ながら古い竈は昭和期のシステムキッチンに取り替えられていたが、後ろに広い庭があり、魅力たっぷりだった。

筆者は少年時代、東京の家で育った。父は自己中心的な人間で、暴君として君臨し、すべてを独断ですすめる人で、何をするにしても家族への相談など皆無だった。筆者の生まれた頃の家は、戦前木造の家だったのだが、一九七〇年代の半ば頃にコンクリートのオバケみたいな、それこそ無個性なものに建て替えられてしまった。壁は冷たく、冬の結露も尋常ではなかった。甚だしくは階段の壁（これもむき出しのコンクリート）そのものが結露し、だらだらと水が流れているのを、子ども心に悲しく思ったことを忘れられない。また、筆者は子どもの頃から風邪をひきがちで、一年に何度か熱を出して倒れたのを覚えている。その後も基本的には賃貸のアパートかマンションに暮らしてきたが、この傾向は変わらなかった。しかし、現在の家に引っ越してからもう三年になるが、実はいちども風邪やインフルエンザで寝込んでいない（詳しくは後述）。

すでにお気づきだろうが、筆者の実家の「触覚的なリアリティ」は、ぬくもりをいっさい感じさせない氷のようなものであった。しかし筆者はあきらめていた。二〇代の頃、将来研究者として自立できる自信もなかったし、自分が家を持つということはあるまいと思っていた。仮に大学教員になれても、自分はマンションにしか住めまいと思いこんでいたのだ。木のぬくもりのある家など、お寺や文化財級の旧家だけで、それ以外の家はみな、多かれ少なかれマンション的な無機質なものだろうし、それ以上のものを望むには相当な経済力が必要だと考えたからだ。

四〇代になり、賃貸マンションに入居する際、保証人などで相当な苦労を強いられた。ほかの街はいざ知らず、京都では、直系の親族の保証人を条件とされ、しかも直系の親族も七〇歳以下でなければならないなどと不動産屋にいわれるにいたり、仕方なくローンを組んで自分の家を持とうとした。たまたま筆者が勤めている大学が大きな総合大学であったため、このような思い切りができたわけだが、それにしても大きな借金であるには違いない。だから、失敗したくなかった。そのため、自分のぜいたくな希望をすべてかなえてくれる物件を探したわけだ。

その「希望」とは、①木のぬくもりのあるあたたかい家で、②できれば築一〇〇年級の古い家、③そして広い土地が欲しかった。これが二〇一〇年後半期のことだ。①はすでに述べた筆者の実家を反面教師にしているのだが、②以降は説明がいるだろう。まず②だが、これは京都の街を歩いていると、あちこちにいわゆる「京町家」とよばれる建物があり、ここには昔からの人が住んでいるという。しかし、これらは次々と解体され、あるいはマンションやホテルに、あるいは現代的住宅に建て替えられているのを、非常に残念に思っていたからだ。これは、別に感情的な面ばかりでいっているのではない。例えば上に古家がついている土地を取得したとしよう。ここに新しい家をつくるとなると、まず古家を撤去して更地にするのにバカにならないお金がかかるだろうし、新築の家を建てたら相当な固定資産税がかかるだろう。それを考えると、リフォームした方が有利に決まっているではないか。ましてや、もう明治期の建物を復元することはできないのだ（技術的にはできるかもしれないが、そんなことをしたらふつうの新築の家の数倍のお金がかかるはずだ）。だったら古家で充分だし、それが歴史的な建物ならなおいいだろうと思ったわけだ。

そして③についてだが、これは自分の出自にかかわる問題だ。筆者には祖国といえるものがない。韓国も北朝鮮も日本も、たしかに自分の国だといえなくもない。だが、これらの国はどこであっても、ほんとうの意味での祖国とはいいがたい。かつて梁石日氏原作の小説を崔洋一氏がメガホンをとって映画化した作品『月はどっちに出ている』で、在日朝鮮人のタクシー会社社長がゴルフ場経営の話を持ちかけられて、結果的に失敗して借金を背負わされてしまうという場面があった。このときその社長は「でっかい土地が欲しかったんだ」といっていたことを忘れられない。そうなのだ、この台詞は祖国がない者として、どうしても土地が欲しかった、それも大きな土地を、ということをあらわすための演出だったのだ。これと同じ気持ちが筆者のなかにもある。

こういうと、いかにも筆者が特殊かつ特別な理由で推定築一〇〇年の家を手に入れたような印象を受けるかもしれない。しかし、そういう印象を受けることそのものが、山本氏のいう「身体の触覚的リアリティ」により深い意味でからめとられているからだといっていい。筆者は在日朝鮮人とよばれるエスニック・グループにくくられているがゆえ、多少特殊に見えるかもしれないが、それでもやはり「〈家郷〉喪失の感覚」という意味では、ほかの同世代の人びとと変わらないだろう。また、築一〇〇年の家、広い土地というのも、究極の「木のぬくもり」「土の庭のぬくもり」を求めようとする心の動きと連動している。こういった意味で、筆者の住宅選びは、個性があるようでいて実は「選ばせられている」状態、商品として「古民家」を見ている状態でしかないのである。

古民家は新しくつくることはできない。だとすればその希少性は商品価値へと直接つながるだろう。その商品としての最大の広告価値は、太い梁や柱のぬくもりであり、古いガラスや建具の醸し出す懐かしさであり、縁の下の土のぬくもり（基礎がないから土が露出している、神社やお寺などの縁の下を想像してほしい）であり、無垢の木でできた縁側や畳のあたたかみ、漆喰のやわらかな肌触りなどに宿る。古民家は、この、「触覚的なリアリティ」という意味では、マンションなどでの「マテリアルな差異」を遥かに凌駕した、いわば究極の姿だといえるのだ。

二、京町家とは何か

筆者は前章で、古民家ということばを使ってきた。そしてその古民家が究極の「触覚的なリアリティ」を持つ住宅であるとも述べた。では、京都の都市部にある古民家、すなわち「京町家」とよばれているものとは何か、ということが問題になる。ほんらい「町家」とは、街中にある建物で、これと対になる建物は「農家」である。だから本当は町家《ちょうか》と読むものなのだ。前出の祐成氏や山本氏は、都市の住宅を考える際に、この「農家」を持ち出すのだが、なぜこの「町家」を持ち出さないのだろうか。これは、多木浩二氏の記念碑的エッセー『生きられる家』でも同じだ。おそらくは、土間の配置や主の座る位置（ヨコザ）など、前近代的な秩序が比較的容易に見られるため、農家は議論に持ち出されやすいからではないか。

それに対して「町家」は多少複雑だ。大きな商家なら使用人の住まう空間もあるが、農業と違って目に見えるかたちでの共同作業や秩序がそこにないため、農家のほうが前近代の家を語る際に、よりふさわしく思われてきたのではないか。高度経済成長期以前は農業をはじめとした第一次産業に従事する人が過半数であるため、前近代の家屋の典型として農家を取り上げやすいという側面もあるだろう。だが、それでは前近代にも都市があったということが見えにくくなってしまうではないか。

現在、京都市が推進している公益財団法人京都市景観・まちづくりセンターでは、建築基準法施行以前に建てられた在来工法による木造家屋を「京町家」とよびならわしている。しかし、この「京町家」とは決して古いことばではない。すでに述べたように、町家とは農家の対概念で、それが京都にあるという意味で「京の町家」といういい方が七〇年代にいわれるようになったようだ。これは、いわゆる日本における在来工法による一般家屋の研究が七〇年代に盛んになったことと無縁ではない。前章にて山本氏の議論で紹介したように、七〇年代は住宅の量的な問題は解決し、質的向上へと転換した時期である。それは、在来工法による建物が都市部で急速に失われ、マンションに建て替えられていくということでもある。とくに京都市は、戦争による被害がほかの大都市より少なかったためいわゆる在来工法による建物は比較的残っていたにもかかわらず、このような商品化住宅の普及とあいまって次々とつぶされていく時代でもある。いきおい、残り少なくなっていく在来工法の建物を惜しむ声も聞かれるようになり、研究する人も出てきたわけだ。

では、どのような言説で京都の町家は描かれていくのだろうか。

町家と長屋の区分は、戸建形式から知ることができる。一般的にいって、町家は軒を接していても独立住居であり、長屋は連続住居である。町家はたいてい表《おもて》、または通《とおり》とよばれる地区の主要な街路に面しているが、長屋はその裏道のような、図子《ずし》、露地《ろじ》に面している。また町家は、元来商工業やサービス業などの併用住居としてつくられたものであるが、長屋は専用住居である。したがって、前者は職住混合型であるのに対し、後者は職住分離型である。しかしその区分は、現在では多少くずれてきている。

（上田 一九七六：一九頁）

この上田篤氏の労作は、『京町家　コミュニティ研究』と題されているが、基本的に「京町家」ということばは、いくつかの例外を除くと出てこない。この「研究」は、日本全国の「町家」を網羅的にあつかった『町家・共同研究』の続編と位置づけられており、京都の町家に限定して研究しているという意味で「京町家」ということばが使われているようだ。だとすれば、まだ当時は消え去りゆく全国の町（都市部）での町家のなかでも注目度の高いものとして、京都の町家が取り上げられている状態で、その過程でほかの町家と区別すべく「京の町家」あるいは「京町家」ということばがつくられていったと見ていい。

それはひとまず置くとして、引用部分に注意してみると、その当時にはもうくずれてきているとはいえ、「京町家」には大きく分けてふたつの種類があることが見てとれる。大路に面した町家と、図子や露地に面した長屋がある――ということだが、まずこの「露地（ロウジとよばれることが多い）」と「図子」について説明しなければなるまい。京都には東西を結ぶ道を北から順に覚えるために「丸竹夷二押御池……」と節をつけて覚える唄があるが、この唄に出てくるような通りが代表的な京都の「主要な街路」だ。これに対して、これらの「主要な街路」から奥に入っていく「裏道」もある。これが「露地と図子」だが、厳密にいうとこのふたつは違う。「露地（ロウジ）」は「路地」とも書かれるが、基本的に通り抜けができない路であり、袋小路になっていることが多い。それに対して「図子」は「辻子」とも書かれるが、通り抜けができる小路のことを指す。これらは大きな路から一歩入った路で、完全に生活者の通り路である。当然、（現在はいざ知らず）店などがあることはまれであった。それに対して大きな路には、職人であれ商人であれ、大きさの大小こそあれど、店は多くあった。もちろん、かつては店であったものの、いまはたたんでいる状態もある。それが「仕舞《しも》（う）た屋《や》」だ。京都ではこの仕舞た屋がけっこうあって、もともと店だった空間をガレージとして利用する人も多い。

話がずいぶんまわり道になったが、このように京都の町家を「京町家」とよぶのは、かなり新しい方法で、むしろ研究者などの発言者からつくられていったことば、すなわち「博多や東京の町家ではなく、あの京都の町家」という意味でつくられていったことばだといえよう。

せっかく上田氏の著書を参照したので、その内容にも少しふれたいと思う。これは「コミュニティ研究」という副題がついていることからもわかるとおり、京都にある住宅自体についての研究ではなく、むしろそのコミュニティについての研究だといっていい。建築学の立場からも、このような「身体とモノの動き、そしてそれらの間で織り成される交渉過程」（祐成 二〇〇八：三二頁）としてとらえる研究はあるわけだ。実際、筆者たち夫婦もそのコミュニティに入って三年が経つが、自分たちの「町内」を「村みたいなもの」だと口々に語っている。

そうなのだ、京都の中心部であれ、町内会は徹底してムラのような社会なのだ。筆者たちが住んでいる町内は、祇園祭の鉾を持っている「ホコマチ」の近隣に位置している。祇園祭を見たことのある人ならばわかるだろうが、長刀鉾を筆頭とした山や鉾といわれる三三基の民俗文化財が通りに建てられる姿は壮観だ。しかし、少しだけ想像力を働かせると、それらの山や鉾は各町内によって維持、運営されているのであり、それを保つだけでもかなりの人的経済的負担――「晴れがましい『不合理』」（野田 二〇〇〇：六八頁）が要求される。逆にいえば、それだけの力が鉾や山を持っている町内にはあったということだ。念のためにいい添えれば、祇園祭は京都市が行っているのではなく、これらのホコマチがおのおの管理、運営しているわけで、その意味では規模は大きくとも町内による祭りという側面からとらえると、次章に見るホコマチ以外の町内の祭りと構造的には変わらない。

では、そのホコマチを隣に見る筆者の生活している町内はどうだろう。実は、京都市内中心部にある各町内の多くは、剣鉾《けんぽこ》などさまざまなおよび名を持つ独自の「鉾」を持っており、その鉾の形態はさまざまだが（球体のようなものもある）大事にそれを維持しているわけで、筆者の町内にもそれはあり、独自の祭を一〇月に行っている。

剣鉾と聞いて、ピンときてほしいのだが、これら鉾の存在は、ホコマチのそれと矛盾しない。ホコマチは剣鉾を持たず、その代わりに山や鉾を持っているのだ。逆にいえば、ホコマチの町衆は、長刀鉾に代表されるような特異な形態の「鉾」を持っている。そしてその周囲の町内では、剣鉾がつくられ、維持されている。「歴史的にみれば祇園祭の鉾のほうが先に展開しており、剣鉾は少し遅れて独自に発達してきた」（京都市 二〇一五：八頁）。京都の祇園祭のホコマチ以外の町にも「鉾」はあるということ、そしてこれほど広範囲に各町内が「鉾」のようないわばご神体を維持しているのは、都市部としてはかなり珍しく、いっそ農村漁村的だとさえいえそうなほど「ムラ」なのだということはいえるだろう。京都の都市としての特殊性と魅力はここにつきると筆者は考えている。

だとすれば、町家の研究とは、そのコミュニティの研究と分けることはできないことになるだろう。上田氏の研究は、このような背景を知っていてはじめて、その意味を十全に理解することができるのである。

さて、先の引用にかかわることで、もうひとつだけ敷衍《ふえん》しておきたいことがある。それは、「町家」と「長屋」の区別である。これは構造が違うので、いまでも厳然として区別されうる（ただし、在来工法でつくられた「町家」と「長屋」の両方をあわせて、京都では「京町家」とよぶという傾向がある。なにしろ、行政がかかわっている京都市景観・まちづくりセンターでも、建築基準法施行以前の在来工法による木造家屋をすべて「京町家」とよんでいるくらいだからだ）。

構造の問題になるが、「長屋」とは、昨今は「テラスハウス」という片仮名ことばで紹介されがちな、一棟をいくつかの世帯に分けたつくりになっている家を指す。京都の長屋も二階建てが多いのだが、だいたいは一棟の一階部分に三軒なり五軒なりといった家の玄関が備えられており、おのおの一、二階を住宅として使っている。これはがんらい賃貸用につくられたもので、いまでも筆者の町内の露地（袋小路になっていて奥に小さな祠がある）の家は長屋のつくりになっていて、みな賃貸だとのことだ。ちなみに、この露地の奥が、道元禅師の入寂の地で、筆者も町会長に絵図を見せてもらったが、たしかに道元禅師の亡くなった場所を記してあった。

それに対して大きな路に面した家はだいたい単立の家で、基本的には商家が多かった。大きな家が多いせいか、道路に面したところに店蔵を持った大きな家もあれば、奥にいくつも蔵と凝った庭を持った有形文化財級の大商家もある。筆者の家には残念ながら蔵がなかったが、もしも将来余裕ができたら、どこかから解体の憂き目にあいそうな蔵を移築・復元したいとさえ考えている。前章で少し述べたが、筆者は祖国がないという意識があり、そのぶん「大きな土地が欲しい」という気持ちがあったが、やはり京都の都心部は地価も高いため、ぎりぎりまでローンを組んでこの物件（職人の家ではないかと思われる）を手に入れたわけで、そんな大商家とはくらべるべくもない。

だが、長屋のように権利関係が微妙なところと違って、ここまでがこの家、ときちんと分けられるため、入居する前に修繕をするにも非常に楽だった記憶がある。この長屋と町家の違いも住んでみるまでわからなかったことのひとつだ。ところで、この町家と長屋というのは、住居の構造を指したことばであり、一般的には違ういい方をする。京都では家から外に出るその場所を「カド」というため、大きな路に面したところの家を「カド」、そして露地に面した家を「ロウジ」という（上田一九七六：六八頁）。これがより一般的なよび方だ。

このように、京都の町家を知るということは、結局のところ京都の生活を知ることであり、京都のコミュニティを知るということであるわけで、建物としての「京町家」を単独で考えることとは距離がある。むしろ、住居自体はさまざまな理由で鉄筋のビルになっていても、後述するように、町内のコミュニティに参加しているのであるなら、そこで紡がれる人とモノの動きが「町」をつくっているわけで、それが京都の「町」家なのだと考える。

ただし、これは付け加えてもいいかと思うが、昨今の住宅事情で、郊外の住宅地がさびれはじめ、都心へと人口が回帰するにしたがって、大都市では都心部のマンション開発が活発だという。前出の山本氏も

超高層マンション（おおむね二〇階建て以上のマンションを意味する——引用者）は、竣工戸数の「フロー」および「ストック」という供給量のうえでも、また、全国地方都市への波及という立地的な広がりのうえでも、現在の商品住宅を代表するモードであるといえる。

（山本 二〇〇八：一七八頁）

と説明していることからもわかるとおり、都心部の大規模なマンションへの人口移動が、今世紀に入ってからの大きな傾向としてあげられる。京都でもその傾向は見られ、やはり大きなマンションが

二〇一四年四月の消費税値上げの駆け込み需要という体《てい》で建設された。もちろん、大きな土地がなければマンションは建てられないので、土地は「つくられる」ことになる。筆者のまわりでもこの一年で、知っている限りで五〜六軒はマンションが建ったが、その場所にはもともと蔵もあるようなすばらしい大商家があったのだ。平たくいえば、文化財に登録されてもおかしくないような大商家が取り壊され、マンションやホテルに建て替えられているわけだ。

もちろん、筆者はこれをとがめるつもりはない。残念ではあるが、仕方のないことだと思う。しかし、問題はこのマンションの住民が、「町内」に関心を示してくれるかどうかなのだ。筆者も暮らした経験があるからわかるのだが、マンションとはやはり閉じた空間で、仮に何か集まりがあるとしても、マンション内のコミュニティがまず前提となるだろう。そのうえで、町内会に参加するような向きがいるかどうか、かなり微妙だと思う。祇園祭のホコマチも都心にあるが、例えばビル化が進んでも、会社が祭りに参加したり、マンションの住民もそれなりに祭りに参加することがある。ただし、マンションの管理組合を通して町内会費を納入し、その代わりに祇園祭に参加させてもらうなどの、緩衝材を置いたものが多いようだ。それに対して、ホコマチ以外の町内では、マンション居住者は町内での人間関係には無関心な層が一定数いるともいえまいか。

いや、一方的に無関心といってしまっては問題があるかもしれない。戸建ての家と違い、マンションの住民は、町内のつきあい方がわからない可能性が高いからだ。

カド（に住んでいる――引用者）の人は、つきあいが町全体に広がっているが、町外まではおよばず「町」がつきあいの限定空間となっているが、ロウジ（に住んでいる――引用者）の人はそれより狭く、「ロウジ」がつきあい限定空間になっている。

（上田 一九七六：八二頁）

よく、沽券にかかわるという。これはもとは土地家屋の売渡し証文をいっていたが、室町人（室町界隈に住むひと、おおむね有力な商人――引用者）は、このように自分の土地家屋をもって初めて一人前に発言できたわけである。しかし、戦後の民主化――デモクラシーの波に洗われて、さすがにこのような差別はなくなったものの、形をかえていろいろなしきたりをいまだにもち続けている町内も少なくはない。

（上田 一九七六：二二四頁）

筆者の住んでいる町内でも、祭のほかにもいろいろなしきたりがある。あるいは形骸化したものもあるが、例えば同じ氏神を祀る隣町は、筆者の住む町より一格下にあって、祭のときも決して前に出ないし、神社での祭礼でも一歩引いて見ているようだ。詳しくは次章で述べるが、かつては地蔵盆でも隣町の子どもが遊びに来ることを禁じたとも聞いている。また今でこそ、町内会費も役員選出もカドの人、ロウジの人の「差別」はないが、かつてはカドの人が役員をやり、町内会費も多く払っていたという。こんなに長い時間の堆積を感じさせるしきたりがあるのなら、どうやって町の行事に参加していいか、引っ越してきた人間には非常に難しく感じるだろう。町内とのつきあいに尻込みするのもわからなくはない。筆者の場合、たまたま「カドの人」として越してくることができたがゆえに、親切に町内へと導いてもらえたが、仮に同じ町内の「ロウジ」に別の家族が引っ越してきても、もしかしたら町内のつきあいをためらうかもしれない。

山本氏の議論にあるように、七〇年代以降は商品住宅に人びとが住みはじめた時期であるとすれば、筆者の世代の人間は、その居住地がどこの都市であれ、マンションかニュータウンの新しいコミュニティしか知らない場合もあるだろう。その人が仮に京都の伝統工法の木造住宅であるところの「町家」を取得して入居しても、町内にデビューしない＝できない例は意外と多いかもしれない。ましてやマンション入居者をや。現代の京都の町内は、「カドの人」「ロウジの人」のほかに、「マンションの人」ができた状態だともいえるのだ。

このように考えていくと、やはり「京都で」「町家に住む」ということは、剣鉾など独自の鉾を祀る独自の氏神祭か祇園祭の山鉾かという違いこそあれ、町内とのつきあいのなかで生活をするという側面が色濃くあるといえよう。だとすれば、この「つきあい」なしに「町家」などありえないのだ。だから、家＝ハコが古いかどうかというよりも、この「つきあい」こそが町家で生活していることを担保する第一条件だと断言していい。では、次章では、筆者たちによるつたないながらの、そして町内の人びとに助けられながらのこの「つきあい」の実践をご覧に入れよう。

三、「町内会」とは何か

三の一、町内会の仕組み

前章では、京都の町家暮らしは「町内」とのつきあいあってものだと述べた。この「町内」のつきあいとはどのようなことをするのかを見ていくこととするが、その前に少し遠まわりをして宮崎駿氏と高畑勲氏が描いた『柳川堀割物語』についてふれたい。まずは印象的な冒頭のナレーションを紹介しよう。

日本が貧しかった頃、どの村にも小川が流れていた。春の小川はさらさらとゆき、岸にはスミレやレンゲの花、子どもは小鮒を釣り、夏のホタルを追って遊んだ。日本が貧しかった頃、どの町にも堀割があった。水は必ずしも清くはなかったけれど、橋や水辺にたたずめば、水は暮らしの重荷を軽くし、疲れを癒してくれた。人びとはつきあいの中で、水を向けたり、水に流したり、水掛け論を繰り返した。我田に引水することもあれば、堰を切って涙をあふれさせることともあった。日本が貧しかった頃、手の届くところに水辺があった。

この映画は、水郷として知られる柳川の生活の点描や、堀割がいかにして成立したかという歴史的な考証にはじまり、いわゆる高度経済成長期の産業構造の変革期に堀割を埋めようという動きがあったこと、そしてそれを一係長にすぎなかった広松伝氏が当時の古賀杉夫市長を説得し、ついに堀割の保存が決まったことを描いたドキュメンタリー映画だ。この映画には「新文化映画」という角書《つのが》きがあることからもわかるとおり、あくまでも文化の問題として柳川の堀割をとらえているところが特徴である。

堀割とつきあうことは決して「楽」ではない。一年に一度堀の水を抜き、底をさらって綺麗にしなければならないし、住民共同で水草を刈り、ゴミを片づけるという「わずらわしさ」をいとわずつきあわなければならない。都市部のマンションや郊外の建売住宅に住む人からすれば、面倒なことおびただしかろう。だから「恵まれた条件や現地の人びとの努力と愛情によって生き続けているものを例外として、私たちの水とのつきあいは大きく変わり、いまや風土と関わりのない画一的な技術だけが水と人間を支配しようとしている。水はパイプやコンクリートの中に閉じこめられ、私たちは便利さと引き替えに、身近な水辺の潤いを失った」(宮崎・高畑 二〇〇三：第五章列島改造の時代)。

柳川も長く続いたこの「水とのつきあい」を切断しかけたことがあった。一九七七年当時、かつて文化都市とよばれたこの町も「ブ～ン蚊都市」と揶揄されるまでに水がヘドロで汚れ、悪臭はふんぷんとして、ついに覆蓋して下水路とするしかないところにまでいたった。高度経済成長期は産業構造だけでなく、人間の生活習慣まで変革させてしまったようだ。しかし、それでも前出の広松氏は市長に直訴し、工事をいったん停止させ、水路を再生する方向へと舵を切ったというのだ。それは古くからあった水とのつきあいを復活させるという、時代に逆行するものでもあった。時代はバブルとよばれる好景気を直前にひかえていたにもかかわらずである。

宮崎氏と高畑氏を中心とするスタジオジブリは、何もすべての都市で水とのつきあいを復活させようとしているわけではあるまい。ただ、汚れたものは蓋（汚染された川は覆蓋）をしてしまえという考え方に、むしろ「身体の触覚的リアリティ」（山本理奈氏）の次元で反発したのだろう。そう、変わってしまった産業構造はもとに戻せるわけがないのだから。だから、この物語は「昔はよかった」という懐古趣味ではなく、むしろ生活習慣の変更が完了したあとの現在、すなわち今世紀のリアリティを先取りしているといってもいい。ゆえに筆者はこの作品を、スタジオジブリの最高傑作だと考えている。

詳しくは映画を見ていただきたいが、現実に東京や大阪はもとより、京都でも小川は覆蓋されて下水路へと変わり果てた。例えば京都市の真ん中あたりに西洞院という南北に延びる路があるが、かつてはここには川が流れており、船で材木などを運んでいたという。いまでも西洞院蛸薬師から南は道幅が広くなっているが、そこは船が旋回したところだという。川があるところには染め物が発達する。西洞院川はその染め物を洗うのに使われるほど、清き水があったということだ。その名残として、西洞院には染め物や織物の会社、店がいまもなお多い。

京都でも水とのつきあいは破壊され、西洞院もその隣にある小川通の小川も覆蓋されて下水化しているわけだ。そういった意味では、京都もずいぶん「つきあい」が変化しているのかもしれない。産業構造の大規模な変化は生活習慣まで変化させたと述べたが、柳川のような地方都市と違い、一〇〇万人を優に超える都市では、もはや水とのつきあいを維持することはできなかったのかもしれない。

さて、この映画からわかることは、古くからの生活は「わずらわしさ」をともなっているということである。一〇〇万都市で水道をひねれば水が出る、ボタンを押せばトイレの水が流れるという便利さを維持しようとすれば、小川を丸ごと下水化するしか手がないのも事実ではないか。筆者だって水洗トイレをやめて汲み取りにすべきだと考えているわけではない。ただ、京都は水が豊富なところで、井戸を掘れば地下から水は湧いてくる。少なくともその可能性は高い。だから、京都での水のつきあいも、最低限度はいちおう確保されているともいえよう。近所の豆腐屋も銭湯も、みな井戸水を使っているからだ。

余談になるが、筆者の取得した家では、試験的に井戸を掘ってみたが、途中であきらめてしまった。掘りあてられるかどうかわからない井戸に大金をはたくのは効率的ではないと考えたからだが、いま後悔している。

さて、くどくどとまわり道をした。話をもとに戻そう。町内のつきあいのことだ。水の例でもわかるとおり、古くからのつきあいは、マンション暮らしのように相互に無関心でいられるものではない。しかし、これを経験してはじめて京都に住んでいるといえるのだと、筆者は考えている。

町内会
町内会という組織の特色はつぎの二点に集約されると思われる。
① 組織の構成単位が個人でなく、世帯であること
② 町内に居住しているだけで成員たりうる条件を備えており、しかも、ほとんどの人が無意識に町費を支払い、暗黙のうちに加入していること
町内の寄合や行事の参加についても、各世帯の代表が誰か出ておけばそれですむ。もちろん行事ごとに交代して一人出れば、それでいいわけである。いうならば、そこに出席する人びとは、それぞれの家族の仮面をかぶっているということ。すなわち町内会――個人の関係でなく、町内会――家族という組織構造をもっている。
（上田 一九七六：一四七―一四八頁）

そして、町内に住むものは「家族は町費や寄付を負担し、忙しくても、都合をつけて寄合や行事に参加する必要がある。町内会で決定されたことは、いやでも受けいれざるをえない。つまり家族は町

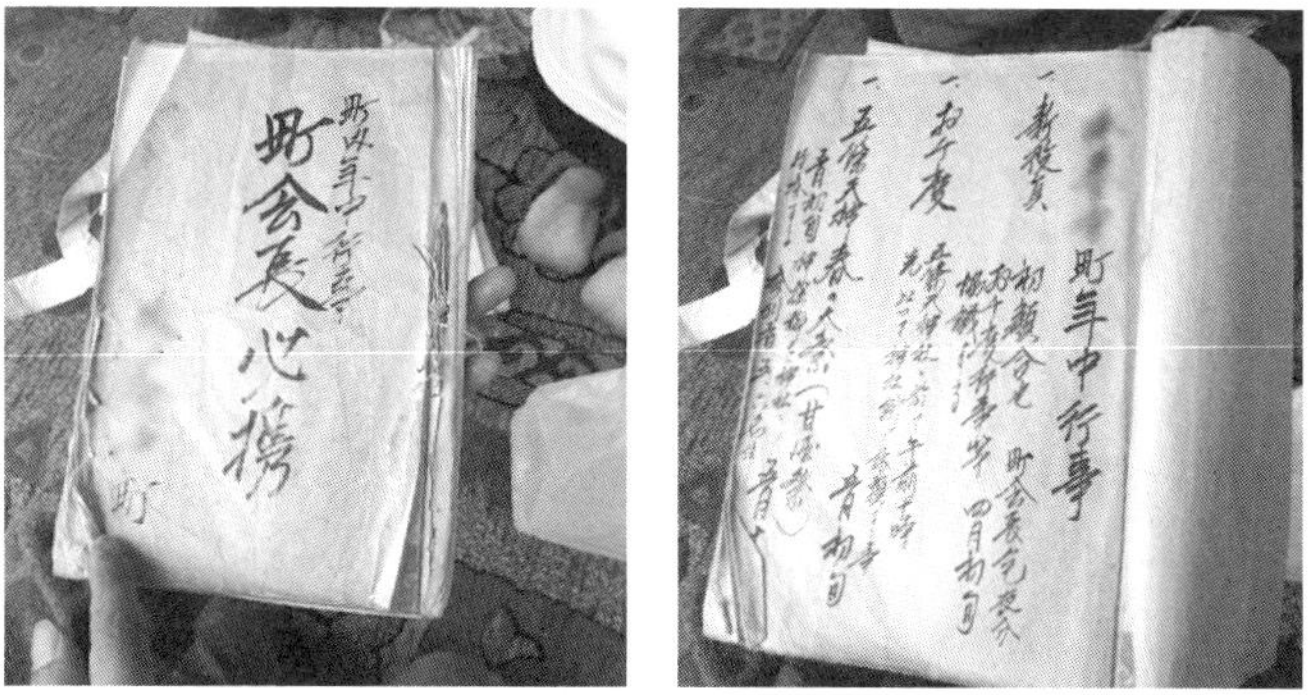

町会長必携の書付　　町内の年中行事

図1　引き継がれる行事、選ばれる役員

内会によって疎外されることなしに、そこにかかわってゆくことはできない」（上田 一九七六：一四八頁）。これは、西陣とよばれている地区の町内会について調査した内容であり、時代的にも三〇年以上前のことだが、いまでもそれほど変わっているとは思えない（図1）。

　これらの町内会は、どこでひらかれるのだろうか。余裕のある町内では町家《ちょういえ》とよばれる町内共有の家があり、ここにその町の「鉾」などをしまっておく。筆者が住む町内にも六〇戸ほどの世帯があるが、残念ながらチョウイエはない。その代わり、比較的大きな家のガレージ（家の一階部分をガレージとしたもの）や、町内の氏神である神社の社務所――社務所のあった場所は現在マンションとなっており、その一階に社務所がある――の一室などで集まりを持つ。町内の行事は長年この町に貢献してきたお年寄り（主に男性）たちに指導してもらいながら、町会長や副会長、体育振興委員などが中心となって行う。そこで決められたことは絶対であり、変更は町内会の話し合いを経ることなしにはできない。だから、次のようなことも起こりかねない。

（西陣紋屋町の——引用者）三上さんも鳥井さんも、戦時中町会長や連合会長（学区の代表者）を務められ、商売も打ち捨てて、ほとんど毎日町内のために努力された。防空演習、戦時公債、強制貯金、戦時訓話、出征、配給、翼賛会、軍人会、警防団……これらの言葉が、つい昨日のことのように語り出されるのである。そして戦後追放。

「その当時は国策に応じて、いっしょうけんめいに、あんた、命がけで仕事してやねえ、ほんで戦争がすんださかい、追放やて……。商売も何も放ったらかして、いっしょうけんめいに……やるだけやって、後は追放やて。そんなあほな」（三上正之助さん）

（上田 一九七六：一三九－一四〇頁）

戦時中、町内会は翼賛体制を下支えする末端組織として使われていたのだろう。そして、町内会の決まり事として、防空演習その他の行事をこなしていった。町会長は「商売も何も放ったらかして、いっしょうけんめいに」それを行っていった。もちろん、戦時体制であるがゆえに従わせられたとも考えられるが、逆にいうと「町内会で決定されたことは、いやでも受けいれざるをえない」という、家族を疎外するほどの組織力に目をつけられ、動員されたという経緯があったのかもしれない。ともかくも、町内会の決定はそれほど重いものなのだ。

以上のように、京都の町の中心部は、都心であるにもかかわらず、このような町内会の集積として成立している。これは、東京生まれの筆者としてはかなり驚異的であった。しかし、おそらくは昭和の敗戦前後の時期までは、東京もこのような状況に近かったのではないかと推定される。右に見た戦時中の町内会の役割は、東京でも「隣組」というかたちで成立していたし、その隣組は町内のつきあい抜きでは考えられなかったはずだからだ。

では、京都の町内会は、いまどのようなことをしているのだろうか。以下に筆者たちが経験した町内会の年中行事を順次見ていくこととする。

三の二、町内会の年中行事

この節で見ていくものは、筆者たち夫婦が、この町に移り住んで丸三年間で経験した（すなわち三巡した）町内の行事であり、まさに三年にわたる「参与観察」の記録となる。これは単なる客観的な観察、文献調査、聞き取り調査などでは知り得ない、町内会の構成員としての調査結果として、表面的には見えない「何か」を探りあてられているとしたら、望外の幸せである。

まず、筆者たち夫婦は二〇一二年二月に取得した家屋の改修を終え、二月一〇日に入居した。しかし、一週間後に長期にわたる別の研究の調査旅行に出てしまったので、この家に落ち着いたのは二月末日であった。そして、三月初めに、最初の町内会の行事がやってきた。それは毎週のようにやってくる回覧板とは違い、ある種の強制力のある行事だった。

その行事とは「町会長選挙」であった。筆者の住む町内は、三月で当該年度が終わり、四月から新年度がはじまる。だから、三月の初めに四つある組のうちの筆者の家がある四組の組長さんが、選挙用紙を持って訪ねてくれたのだ。それは決して適当な紙ではなく、町会印が押された選挙用紙で、候補者一名を書く欄が四角にくくられていた。筆者は「引っ越してきたばかりで、どなたがいらっしゃるかもわからないので……」と棄権しようとしたところ、「それはできません」といわれてしまった。

そうなのだ、これは町内の行事であり、町内会員全員の義務にあたる行為なのだ。棄権はできない。投票は一〇日ほどあとである旨が伝えられ、組長さんは引き揚げていった。筆者たち夫婦は相談した結果、「白紙」で出すことにした。白票は棄権に限りなく近くとも、いちおう票を出したには違いないので、それでゆるしてもらおうと思ったのだ。

町会長の選択は、各町内によっていろいろ違うが、おおむね話し合い型か選挙型のふたつに大別できる。筆者の町内では選挙結果を町内のほぼ真ん中あたりにある掲示板に掲げて広報する。同時に副会長と体育振興委員（主に運動会の時に活躍する。通常は体振委員と略す）、それに会計も話し合いにより任命され、新体制が発足する。任期は一年である。選挙はするものの、だいたい五〇～六〇代の男性が会長になることは暗黙のうちに了解事項として知られているため、意外な結果にはならない。ちなみに、四つある組は住んでいる場所（町の東西南北）によって振り分けられ、組長は話し合いで決まる。組長の仕事は町会費（月額一〇〇〇円）の集金と、府民新聞や居住している区（筆者の場合は下京区）の機関紙「下京のひびき」を配布することが大きなものであり、そのほか細々とした行事（例えば町内中央に鎮座するお地蔵さんの花やりは、各組長は二カ月、会長は四カ月担当する。祭でのたこ焼きやビールの券の申し込みなど）の仲介役も組長が行う。

新会長のもと、最初の大きな行事は四月二九日の前後で行われる「お千度」である。筆者も神社の氏子となる町内の住人なので、これに参加する。朝一〇時に氏神の境内に町内の面々が参集し、町会長が神社の社に上がり、神主によって祝詞をあげてもらう。神主は向かって右側に立ち、町会長は左側に神主の方を向いて座っている。祝詞のあと、御幣によるお祓いが執り行われる。町会長が玉串を奉納し、神主はこれにお祓いをし、続いて町会長にお祓いをする。さらに氏子一同が頭をたれ、神主が御幣をふるってお祓いしたあと、再び祝詞があげられるという手順だ。いたって簡素であり、一般的な参拝だといっていい。

儀式が終わると「以上をもちまして、〇〇町内の安全祈念を終わります。それではナオライをさしあげますのでお待ちください」と宣言され、ひとりずつ真鍮製の酒器から注がれるサケを白い盃に受けて飲む。本来はこのあと、お札取りの行事がある。子どもが主体なのだが、昨今は子どもが少ないためか、町内の大人たちもこの札をとる。具体的には本殿の裏の祠に木でできた札が置かれており、それを時計と反対回りに本殿をぐるりとまわりながら、札を持ってくるというもので、一〇枚集めると上がりである。これを子どもが多かった頃は「誰が一番早くできるか」を競いあい、猛スピードで走りまわったといわれた。このような風俗もこれからはなくなっていくことだろう。

ちなみに、参集する人びとはとくに背広姿や羽織袴などの正装をしているわけではないが、いちおう上衣だけは着ている。そして、参集するときも、とくに決まりがあるわけではないが、男性が前に、女性が後ろに並ぶ。神社には筆者たち夫婦が住む町内だけでなく、ふたつの隣町も御神酒などを奉納しているが、隣町の人びとは来ない。ナオライのあとは、「お下がり」(砂糖菓子)をいただいて、いったん散会する。

いったん家に帰り、一一時頃から近所の料理屋で昼食会が開かれる。そこではまず、新会長が抱負を語り、副会長、体振委員などの紹介とともに、前年度の会計報告などが行われる。そして、昼からビールを飲み、料理を楽しむという趣向だ。この料理代やビールなど酒代は、いちおう一人一〇〇〇円の会費は出すものの、ほとんどが町会費でまかなわれる。筆者が最初にこの会に参加したとき、九〇代の男性から、「この町内はいつも飲んでるようなものや。酒が飲めへんと、飲める人よりある意味損や」と冗談めかしていわれたことがある。その男性は下戸だったのだ。

たしかに、この町内のつきあいは酒なしでは考えられない。町内のほとんどの人は、同じ学区の小学校を卒業しており、ずいぶんとつきあいが長い。だから、新しく町内に引っ越してきた筆者たちも、なかなかその内部には入りきれないといっていい。もちろん、そこまで深い関係を結ぶ必要があるわけではないが、例えば行事のあとなど、同世代の男性たちが集って、飲みに行く相談などをしているのを何度か見かけている。

このように、基本的に世帯数が単位となって町内会が運営されながらも、男性優位で話はつけられていく。それは町内会の執行部の構成だけではなく、行事全般にわたっていえることだ。おそらくは、女性の住民は「嫁に行く」というかたちで外に出て行くことが多く、その代わり男性の住民は「嫁を取る」というかたちで外から女性を連れて来るということと、それは関連しているかもしれない。女性はその町内でも、学区でも、外から来た人間でありうるため、基本的に筆者たちと同じ「転入組」であるということは、やはり大きな意味があるのだ。もちろん、古い町内独特の男尊女卑の風土というのが、それを助長していることは否めない。

このような行事は、その後も年間に何度か行われる。それ以外にどんな行事があるか、以下に簡単に述べていこう。

次の大きな祭は、五月の中旬に行われる「甘酒祭」だ。勤め人が多いため、おそらく昭和敗戦後の高度経済成長期頃から、五月一〇日に一番近い日曜日に挙行されている。この祭は町内が主体となるわけではなく、神社の祭で、筆者の町内では「もらい祭」とよびならわしている。町内が主体でないためか、町内の行事としては少しさびしい印象がある。この日は朝一一時から祝詞をあげるなど、神社主体で祭が行われるのだ。

六月には夏越の大祓えのための準備がある。これは組長が人型の紙を持ってきてくれ、これで身体の悪いところをなでて（厄をうつして）やはり組長さんが取りに来てくれたときにわたす。そのときはいくらか賽銭を払うのだが、金額はまったく決まっておらず、だいたい数百円ぐらいを払う人が多いらしい。この夏越の大祓えは、八坂神社の疫神社で七月いっぱい行われる祇園祭の最後にあたる三一日の行事で、それまでに町内でこのようにまとめてくれるのである。

次は夏の学区全体で行う催しだ。七月の末の日曜日に行われるゲートボール大会と学区の「夏まつり」が、旧小学校校庭でひらかれる。まずゲートボール大会は、体振委員が中心となって各町内選抜で選手が選ばれて行うため、全員参加ではないので、それほど大きな催しではないが、選手に選ばれた人は、町内によっては朝練習などをして能力を強化して挑むほど力を入れる。ただし、筆者の町内ではそれほどの盛り上がりはない。旧学区には二一の町内があり、これらが懐かしの小学校の校庭で技を競うわけだ。

実はスポーツ大会は、年間にかなり多様なかたちで行われている。まず四月にはソフトボール大会がひらかれる。これは下京大会への予選という意味合いがあるが、やはり少子高齢化の影響で参加町内はかなり少なく、だいたい六町内ぐらいが参加している。そのほか、五月にはクロッケーを皮切りに、グラウンドゴルフ、バレーボール、ソフトバレーボール、卓球、ボーリングなど目白押しだ。また変わったところでは長距離を歩く「歩こう会」や餅つき大会、防災訓練など、ほぼ毎月のように行事がある。もちろん、ほとんど参加できない町内も多いが、こうした行事に積極的に参加する比較的平均年齢の若いマンションの住人がいる町内は、たくさんの行事に参加している。

この催しとともに、八月にひらかれる「学区まつり」（あくまでも祭礼ではないので、ここでは「まつり」とよぶこととする）は、夏の風物詩だ。このまつりの単位も、いまは児童の減少によって統廃合されて使われなくなった、かつての小学校の学区が基礎となっている。近所のクラブなどで歌っているアマチュアの歌手や半プロの歌手たちが歌を披露するなか、同じ学区の二一町内の執行部が世話役となってたこ焼きや焼きそば、うどん、ビール、枝豆、唐揚げ、綿アメなどを出す。場所はいまは廃校となった小学校の校庭だ。

この廃校となった小学校だが、いまは統合されて子どもたちは別の学校に通っているにもかかわらず、地域住民の催し物などがひらかれ、憩いの場となっている。実は京都の小中学校は明治期に開校したときに各学区の住民が土地や建物を提供してつくられたという経緯がある。住民が無償で提供したものだから、土地自体が京都市のものだとしても、京都市が勝手に転用することは、住民感情としてはゆるされない。それを京都市もよくわかっており、決して小学校跡地を解体して転用しようなどとはしない、少なくともいまのところ。

ちなみに、各小学校の名称は、『論語』や『孟子』といった儒教の経典からとられた名前であり、それなりに重々しい雰囲気がある。そして、町内の結束のうえに、同じ学区の結束というのが必ずある。何しろ、小学校からずっといっしょに暮らしている人が多いのだ。同じ学区の人びとにとっては、ほとんど人生をともにした関係であるとさえいえる。ただし子どもが減った影響で、それぞれの学校が閉鎖されつつあるため、今後どうなるかは不透明だが、少なくともいまのところは各学区の同窓意識は極めて強いといえよう。

このときの枝豆やビール、唐揚げ、焼きそばといったものは、あらかじめ各町内で販売され、チケットとして配られている。だいたい一〇〇円から三~四〇〇円程度のものばかりで、決して高くはない。もちろん、当日売りも現金で受け付けており、ビールなどは暑い夏の夕涼みに、同じ町内の人とひとつのテーブルで飲むためか、かなり売れている。

八月二四日は地蔵盆の日だ。もちろん、いまは二四日ではなく、それに近い日曜日に行われる。これは京都中でひらかれており、日付はだいたい同じ頃にかたまっている。この地蔵盆に関しては、章をあらためて紹介しよう。

次に全町内が動員されて行う行事は、運動会。このときは、体振委員が活躍する。各種目の出場選手などを町内で打診しなければならないからだ。場所はやはり小学校校庭で、九月末か一〇月の第一週の日曜日にひらかれる。地元選出の国会議員などが開会式の挨拶にも来るなど、それなりに重要な会だ。同じ学区に大きなマンションが建っているところがあり、その町内ではマンションの住民が積極的に行事に参加している模様で、彼らが運動会を盛り上げる。こういうマンションもあるのだ。彼らマンション住民は年齢層が若く、それだけ体力があるから、いつも優勝候補の筆頭にあげられる。

筆者が住んでいる町は、やはり京都の街中ということもあり、地価は相対的に高い。だから若い世帯なら、マンションが現実的な選択だろう。また、今世紀に入っての都心部マンションへの人口の回帰現象は、こういう面からも確認できるところだ。

ここでの町内対抗リレーは白熱し、新しく引っ越してきた筆者は、お隣さんに「リレーに出て、はじめて町内での本格的なデビューや」といわれたのを覚えている。そのほかにも玉入れや遠くにある水桶からひしゃくで水を汲み、そろそろと歩いてペットボトルにうつしかえる競技など、とくに体力がなくても楽しめるように工夫はされている。とくに、午後の最初に行われる全町内全員参加の「○×あて」は、○と×の二種類の印がついたボールを、正面の審査員が拾うのだが、それが○か×かを考えて動くというもので、最後の一人に残ったら自転車がもらえ、もらったひとは校庭を一周する(これをウィニングランという)。

どの競技に出場するかは、体振委員が中心となり、町内の人びとがまんべんなく登場する場面があるように工夫する。そして、先にもふれたように事前に「○○の競技に出てもらえますか」と聞いてまわるのだ。筆者は、たいがいの場合、断る理由がないので、気持ちよく出るということにしている。そうなのだ、理由もなく「断る」すなわち「不参加」するという行為は、町内ではあまりよくないのだ。例えば筆者の場合、二〇一三年の運動会は前日が教え子の結婚式で広島に行くので配慮してほしい旨を伝えると、午後に出場競技をかためてくれた。

ただし、運動会は天候に左右される。実際、引っ越した最初の年度は、雨で運動会が途中で行えなくなり、やむなく中止した経緯がある。そのため、「〇×あて」の自転車が一台あまり、翌年の二〇一三年には自転車が二台となったこともあり、最後に残った二名が自転車を射止めた。

大会の後は町内の大きなガレージを持つお宅にお邪魔し、ブルーシートやゴザなどを敷いて慰労会がある。ビールや日本酒がふるまわれ、近所の商店街で買い求めたオードブルや巻き寿司のたぐいが各人に分けられる。この飲み会こそが楽しみなのであろう。大会が終わるのがだいたい六時頃だとすれば、七時頃から集まり、体振委員の結果発表を聞いたうえで、男女分け隔てなく飲むことになる。気がつくと、日本酒を一升瓶で寄付する人もいたりして、こういうことになれている方々がさりげなくそういうことをするのだ。

一〇月にはもうひとつ、秋の氏子祭があるのだが、これも比較的大きな話なので、章を改めて話そう。新年を迎える前にもうひとつだけ行事がある。それは、年末に回覧板のかたちでまわってくるものなのだが、この一年で町内で亡くなった方を供養するため、該当する方がいたら連絡してほしい、という内容のものだ。筆者は二〇一三年に母が亡くなったのだが、筆者といっしょに住んでいたわけではないので、この供養にはかかわらないとのことだった。同じ町内で長く暮らしてきた方への敬意と哀悼の意味がそこにある。これが町内の結びつき（地縁、空間的紐帯）とでもいうべきか、それとも町内という「家族」（疑似血縁、時間的紐帯）の賜物なのか、あるいはその両方の意味があるのか、引き続き考察を続けようと思う。

そして、新年。一月一日は朝一〇時から、町内うちそろって初詣をする。この日は寒いこともあってみなコートなどを着ているが、その下は祭のときと同じで、背広が多い。祭のときと同じく町会長をはじめ三名が殿上に上がり、祝詞をあげてもらう。殿上には御神酒なども供えられ、寄進者の名前も書かれている。この日は同じ神社の氏子とされるほかの町内の人びとも姿をあらわすが、やはり一歩下がっている。ひととおり儀式がすむと、やはりナオライをいただき、ドラム缶に焚いた火のまわりに集まり、歓談する。もちろん柿ピーナツや豆、酢イカなどが配られ、同じくジュースやミカンといったものが下される。それをもって散会となる。ここで一年間の行事はおおむね一巡する。次の町内全体で行う行事は、次年度の町会長選挙だからだ。

以上、毎年このような行事が町内では持たれている。それぞれの行事は、決していやなものではなく、とても楽しいものではあるが、かなりゆるいかたちではあるが強制力があるのはたしかで、ひとによってはわずらわしさを感じるかもしれない。とくに外から転入してきた者（筆者のように引っ越してきた人や、「嫁」としてよそからやってきた人）は、それなりになれるのに時間がかかるといえる。

実際、筆者も町会長選挙では、町内全体の様子がまだよくわからないために、特定の人物に投票できず、仕方なく二年連続で白票を出さざるを得なかったほどだ（「〇〇さんって書いて」と頼まれることもある）。また、祭などに関してもまだ「お客さん」に近い状態で、祭の主体になるという意識にはなりきれてないように考える。どうしても夫婦ふたりで参加する方が気分的に楽で、妻が留学していて筆者しか参加できなかった二〇一三年の運動会は少しさびしいものではあった。このような、マンション暮らしや郊外の新興住宅での生活にはない、町内のかかわりは、あるいは都市住民としては窮屈かもしれない。しかし、その代わりといっては何だが、いつも誰か町内の人が見ていてくれているという安心感もある。例えばお隣さんの奥さんが、郷里でもらってきたものをおすそ分けしてくれたり、おかえしに旅行先のおみやげをお隣さんや近所の家にさしあげるなど（思えばこのような近所づきあいも世帯単位だが）、町内全体がひとつの家族のようなあたたかみがあるのも事実だ。だから、旅行などで長期の外出をしても、おかしな人が町内で行動することは難しく、防犯などに関してはまず心配はないのだ。近所づきあいが濃密な地域はドロボウなどは入り込めないものではないか。この町内がムラのようなものだといわれた理由はこの辺にもあるだろう。

さらに、毎月一日には月並みの祭礼が氏神で行われている。毎月一日の朝八時に、祝詞があげられているのだが、参加する際には「平服でかまわない」といわれている。

それにしても、もう少しその町内という「家族」に溶け込みたいという気持ちもある。これは、子どもがいたりすると少し変わってくるかもしれない。町内には子どもを主役とする大きな行事である地蔵盆があり、そのときは子どもを介して町内によりうちとけられるだろうし、子ども同士も同じ学区の小学校などで仲良くなることから、親同士の関係も深まるだろうから。では、いよいよ町内でもっとも大きな祭である地蔵盆と秋の例祭について述べてみたい。

四、町内会の祭

四の一、大人の楽しみでもある地蔵盆

地蔵盆に関する研究は、そんなに層が厚いとはいえない。もちろん、筆者が調べたなかでは、現在の地蔵盆に関する都市計画の側面からの調査などはあるにはある。しかし、集中的かつ網羅的に研究しているといえるのは林英一氏が中心になるのではないか。以下、林氏の研究を参考にしつつ、地蔵盆について述べたのち、実際に筆者の町内で行われている地蔵盆の次第を伝えたい。

まず、地蔵盆は、その淵源を江戸時代の京都の風俗にさかのぼることができるという。基本的に京都で起こったものであり、それが関西一円にひろがっている。

京都を中心として近畿地方に濃密に分布する地蔵盆は、現在もなおさかんに行われ、普段から

地蔵を祀ることのない新興住宅地でも、壬生寺など、寺院から地蔵を借り受けて行事を行うようになっている。（中略）現在の地蔵盆はこの（江戸時代の——引用者）地蔵祭りを原形として成立したとした。しかし、明治時代初頭に地蔵は棄却されている。（林 二〇〇八：一〇五頁）

林氏は、その著書のなかで宗教民俗学者の五来重の説を引用しつつ、「すでに紹介しているように、地蔵盆の祭祀対象となる地蔵が境に祀られる地区もあり、これが道祖神から変化したものであるかどうかについてはわからないが、道祖神的な機能を内包していることは確かなようである」（林 一九九七：二三四頁）と述べている。江戸時代の「地蔵祭り《ママ》」は、このような道祖神信仰と結びついて成立した祭だということか。

問題は、これが明治初頭にいったん廃止されており、その後「地蔵盆」という名称で復活していったということだろう。ここに断絶があるというのが林氏の意見だ。「近世の『地蔵祭り』も現在の『地蔵盆』同様、先祖供養型と『地蔵の前で子どもが遊ぶ』という基本型型《ママ》に類別できる」（林 二〇〇三：一一五頁）ということばからもわかるように、先祖供養と習合しているものもあるという。しかし、京都の地蔵盆では先祖供養の側面は皆無であったとも報告されている（清水 二〇一三：三三四−三三五頁）。これは、のちに述べるように筆者の住んでいる町でもいえる。やはり、近世の「地蔵祭り」と明治中期以降の「地蔵盆」のあいだには、断絶を経て祖先供養の側面が脱落したというとらえ方が有効ではないか。

では、何ゆえに断絶があったのか、そしてどのようなかたちで「地蔵盆」として復活したのだろうか。

地蔵祭りには人々が大勢集まっていただけではなく、米銭の寄附、あるいは家ごとに割り当て金を出させていたことがわかる。京都府では、地蔵祭りを「無益」と断定した上で、地蔵の功徳を否定している。功徳あり尊敬に値するならば、路傍に安直に祀られることはなく、また、祀っている町が必ずしも「無難繁栄」し、祀らない町が「疲弊災難」あるとは限らないことから、地蔵を祀ることは「邪説」であり、人を惑わすものとされている。非常に論理的な言い分である。この理屈により地蔵信仰を否定し、地蔵祭りの禁止および地蔵の撤却を正当化している。

（林 二〇〇八：一一一頁）

京都における禁止令は明治四年のことで、実際に撤去が敢行された。ただしその禁止令の根拠は廃仏毀釈ではなく、因習打破が目的だったのではないかと推定している。では、この断絶以後、いったいいつ「地蔵盆」は成立したのか。林氏はこれを「明治半ば頃」としている。そして、各町内の地蔵の出自が「『川からあがった』『湖にうちあげられた』『掘り出された』というものが多い」のは、実際に地蔵棄却の際に「実際に捨てられたものが拾われた可能性が高い」（林 二〇〇八：一一三頁）としている。納得のいく議論だ。

そして「地蔵盆」という行事は「マチ部で形成された」もので、旧暦八月二四日はマチ部では「盆の仕舞い」すなわち盆を行事としてではなく時間としてとらえていることから、『「盆」が二四日まで続き、この日で盆が終わるために『裏盆』となり、さらにそれが地蔵の大縁日と重なる」ことから、「地蔵」と「盆」が結びついて、現在のような「地蔵盆」という呼称が生まれたと指摘している（林二〇〇八：一一六―一一七頁）。

このように、明治初年の「地蔵祭り」断絶によって地蔵が捨てられ（京都では壬生寺に集めたようだが）、再び明治半ばに少しずつ復活し、盆の行事と結びついて「地蔵盆」という呼称が生まれたといっていい。ちなみに、この地蔵盆は「子どもを主体とした地蔵盆が営まれている北限が、若狭の小浜《おばま》あたり」で「西限は神戸や明石あたりまで」（真矢 二〇〇四：九〇頁）だという。たしかに、広島県宮島での事例も報告されているが、子ども主体ではない（平川ほか 二〇〇八）。関西一円といっても、やはり京都を中心とした狭い地域の行事であることは間違いない。

以上が地蔵盆の基礎知識にあたる。では、いよいよ筆者の居住する町の地蔵盆について語ろう。まず、日付だが、八月二四日に一番近い日曜日に、一日で行われる。かつては土日の二日間でひらかれていたともいう。

町内のやはりなかほどに置かれているお地蔵さんを、安置してある小さな堂から出して、装飾する。子どもが多かった頃は、名前の入った提灯などをつくって飾ったというが、いまはそれはない。この日はふたつのご家庭のガレージを使わせていただく。まず、地蔵を祀るために一箇所、そしてゴザやビニールシートを敷いてくつろぐためにもう一箇所。このふたつのガレージは、それぞれ母屋の一階部分を広く車がとめられるように空けたものであり、かなり広いものだ。面白いことに、このふたつのガレージと運動会のときの慰労会で使わせてもらうガレージは、重ならないということだ。町内でガレージを開放してくださるのは数軒あるのだが、それぞれ集まりの性格などを考えて分けて使わせてもらっているということだろう。これもチョウイエがない町内ならではの工夫だ（図2）。

地蔵を祀るガレージには、天井にいくつか金具の輪が出ている。これは、紅白の幕を張るために打ちつけたもので、天井までコンクリートであることを考えると、ガレージをつくるときから地蔵盆での用途を考えていたのだろうか。ちなみにこの地蔵は「その通りをまっすぐ行ったところにある商家にあったお地蔵さんをもらってきた」とのことだ。この由来も、すでに直接見聞きした人がいない伝聞であり、詳しいことはわからない。だが、明治中期に地蔵盆が復活、定着する頃、すでに禁止令を受けて地蔵を撤去してしまっていたので、改めてどこか豊かな商家で安置していた地蔵をもらい受けてきて地蔵盆をはじめたのではないかと思われる。伏見のまちづくりを考える会の聞き書きとして伏見では「まわりに地蔵盆をする風習がでてきたので、船頭さんからお地蔵様を町内でゆずり受け、祀堂をたてておまつりはじめた」（林 二〇〇八：一一四頁）というのがあるが、これとも符合するではないか。

地蔵の置き方、装飾の仕方などは決められており、毎年のことながら町内の人びとは「こうだったかな……」といいながら、以前に撮った写真などを参照しつつ徐々に台を組み、お地蔵さんを祀り、お供えをする。そして近隣のお寺のお坊さんをおよびしてお経をあげてもらう。このお経は、時間がだいたい午前中ということになっている。あちこちの町内で地蔵盆をやっている関係上、このお坊さ

上　段　地蔵盆の書付
中下段　地蔵盆飾りつけの様子

図2　地蔵盆の書付ならびに飾りつけの様子

んも当日は大忙しで、ひととおり順番にめぐってくるため、何時に来るという約束はないのだ。金額はわからないが、町内会からお布施も出している。

そして、町内の子どもにお菓子などを分け与え、数珠回しをする。これは大きな数珠をまわして、お地蔵様に礼拝するもので、数珠にはひときわ大きな珠がひとつあり、この大珠が来たところでお辞儀することになっている。よく聞くところでは、「まんまんちゃん、あん」といいながら頭を下げるのだが、いまは子どもが多くないせいか、ほとんどが大人による数珠回しで、大人は黙って頭を下げている。要するに子ども向けのお地蔵様への礼拝が「まんまんちゃん、あん」なのだろう（図3）。

図3　地蔵盆の数珠回し

だいたい、地蔵が祀られるのが九時過ぎ、お経をあげるのが午前中で、準備はととのう。子ども主体といいながら、子どもといえる年齢の子を抱える家族は少なく、ごく限られた人数にお菓子などが配られるが、それと同時に町内の人びとがビールなどを昼から飲むのが楽しみとなっている。ちなみに、地蔵盆のときと秋の祭については、生ビールのサーバーまで登場し、自分勝手についで飲んでいい。これらの飲食物は、夏まつりのときと同じでチケットをあらかじめ買っておくのだが、生ビールを勝手につぐことからもわかるとおり、途中からチケットなどなくともビールも飲み放題状態になるわけで、何のためのチケットかわからなくなる。おそらく、きちんと機能しているチケットは次に見る「あてもの屋」だけだろう。このチケットは一〇〇円なのだが、これを町内の中央にあるお宅の軒先を借りて運営する。内容はいたって簡単で、駄菓子屋などでよく見る「スピードくじ」みたいなものが箱に入っていて、そのくじに書いてある番号によって、おもちゃなどをあげる仕組みになっている。子どもは限られているため、普段はほかの町内に住んでいる町内の方の親類の子どもなども来るのだが、やはり子どもが少なくてさびしいという気持ちは消しがたい。

さて、「あてもの屋」の後ろにある（これも古い町家だが）格子戸には、今回の地蔵盆のプログラムと寄付金を出した人の名前が貼り出される。筆者は勝手がわからなかったので、組長さんにいくらぐらいを拠出するべきか尋ねると、だいたい数千円くらいでいい、とのことだった。筆者も組長さんを介してのし袋に二〇〇〇円を入れて、おわたしした。

プログラムといっても、それほど多くの行事があるわけではない。だいいち、大人たちはみんな飲んでいて、子どもそっちのけに近い。要するに催し物としてお経をあげることと「あてもの屋」があること、それとともにビールや焼きそばを出す店が出ていることが書かれているにすぎない。しかし、真矢氏の報告だとずいぶん様子が違う。

二三日（土）
あさ十時三十分　サイコロころがし
ひる一時　おやつ・ゲーム
ひる四時　ビンゴゲーム
よる七時　ビール・かき氷・焼きそば・焼き肉

二四日（日）
あさ十時三十分　子ども福引き
ひる十二時三十分　じゅず回し
ひる二時　すいか割り
ひる四時　あみだくじ
よる七時　おとな福引き
ビール・かき氷・焼きそば・焼き肉・花火

（真矢 二〇〇四：八六−八七頁）

これは特定の町内のものではなく、だいたいこんなようなプログラムが一般的だという意味で書かれたもののようだが、それにしても催しがずいぶん多い。二日にわたっていること、準備に時間がかかっていることなど、いまの筆者の町内とは少し違う。筆者の町内でも、かつては子どもが多く、二日にわたって行っていたという。真矢氏がこの本を書いた時期からすでに一〇年が過ぎているため、さらに子どもが減って、行事が簡略化されてしまったということなのかもしれない。実際、二〇一五年からは焼きそばやたこ焼きは省略されるとも聞いている。そうなれば、いきおい大人の楽しみへと地蔵盆の性格も変化していく。これが、筆者の町内での地蔵盆なのだろう。

ちなみに、林氏の調査は主に滋賀県で行われているのだが、彼のまとめによると地蔵盆は次のようなことをする。「a地蔵を洗い、祭壇を設け、飾り付け、供え物をする。b子供が集まり、遊ぶ。c供え物を分配する。d幟盗りを行う。e御詠歌をあげる。f子供が鉦を叩く。g大人による共同飲食を行う。h僧による読経が行われる」（林 一九九七：二〇および二三頁）という八つの要素があり、ひとつの町の地蔵盆ですべてが行われることはなく、各町でそのなかでいくつかを行っているという。ちなみに、ここでいう「幟盗り」とは「他町の当番の家の門前に立てられている幟を夜中に盗みに行」くというもので、「子供のことゆえどうしても眠気が勝ってしまい」盗られてしまうことが多かったらしい（林 一九九七：一八−一九頁）。もちろんこれは京都の事例ではないので、これをそのままあてはめることはできないとは承知しつつ、あえて筆者の町内の地蔵盆と比べると、a、b、c、g、hの五つの要素が見受けられる。またaに関しても地蔵を洗うというより、綺麗に掃除する（地蔵が安置されている小さな堂も同様に掃除する）。地蔵堂の賽銭箱も開けられるが、毎年数十円程度から数百円程度しかなく、ほとんどお金は入っていないようだ。

以上、少子化時代の町内の地蔵盆について記録してみた。昼からビールを飲むことからもわかるように、残暑厳しいおりに町内の大人たちが集まって、暑気払いをしているような印象を受ける。だいたい地蔵盆自体は七時くらいにはおひらきになり、後片づけをして三々五々、各家庭に戻るのだが、すでに述べたように昔からの同級生同士などは、そこから二次会に流れてもいるようだ。

四の二、秋の氏子祭——氏神を祀る最大の行事

例年、一〇月一〇日には氏子祭を行っている。これは町内で最大の行事といってもよく、そのぶん準備などに多くの時間がとられる。まず、日取りだが、かつては一〇月一〇日に行っていたのだが、勤め人が多くなり（高度経済成長による産業構造の変化の影響は大きい）現在はその日に近い日曜日となっている。ちなみに、いわゆる「ラッキーマンデー」がはじまる前は、一〇月一〇日は体育の日であり、この日に問題なく氏子祭が挙行できたようだ。三章二節で述べた運動会も、この日に重ならないように工夫される。

まずは、前日の土曜日、夜七時ぐらいから、神社の社務所のあるマンションの一室に集まる。この部屋は筆者の住む町内で氏子祭の準備に使われる。この日、神社に奉納するお供えがつくられるのだ

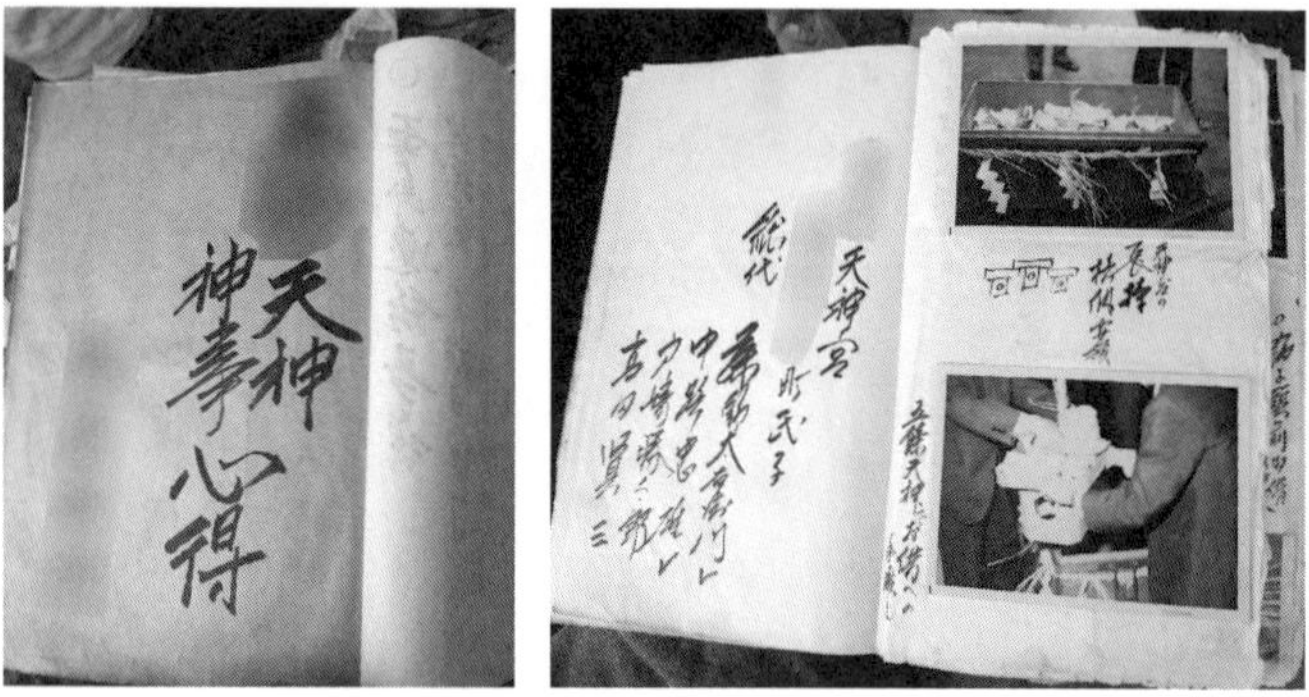

書付　　写真つき手引き

図4　秋の氏子祭の手引き書

（図4）。

昔は女人禁制だったというが、いまは女性も部屋に入っている。ただし、お供えをつくるのはすべて男性の仕事であり、女性は下準備の手伝いしかできない。供えられるのは、焼いた尾頭付きの鯛を、頭と尻尾をそらせたかたちで皿に盛ったもの、そして餅米を円筒型（ただし厳密にいうと上のほうが少し小さくなっている）の型にはめてつくった餅（ただし、完全な餅になってはならず、また餅米のままでもいけない）を藁で縛ったもの、豆腐一丁そのままの上の面と下の面を薄く切ったもの（筆者にこれを説明してくれた方は、「面白おまっしゃろ。豆腐を三枚におろしますねん」といっていた）そして、エビイモ（六角形の筒状に切る）、クリ、ゴボウなど、さらに徳利に入れた酒が順序どおり膳に盛られる。この膳を三つつくり、それを大正年間作成の墨書がある年代物の長持に入れて、やはり町内の方の倉庫に一晩置いておく。終わるのはだいたい、八時半ぐらいになるだろうか（図5）。

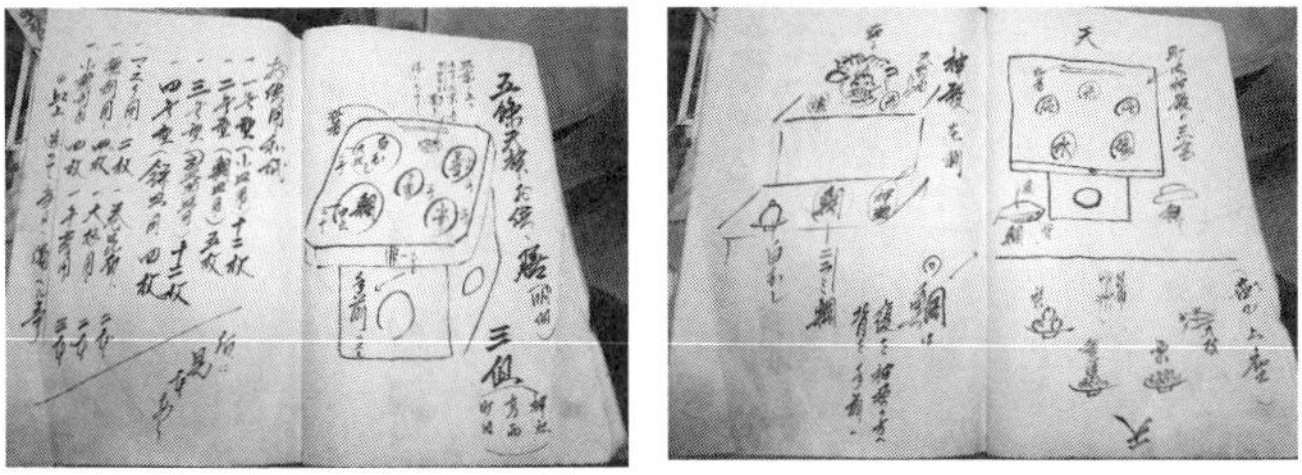

奉納品作成手引き

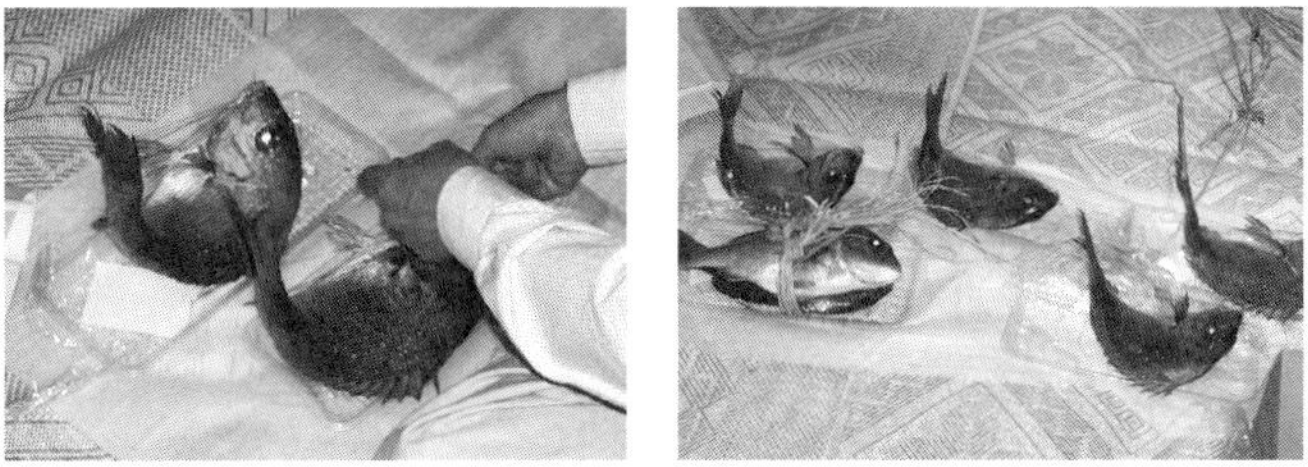

鯛

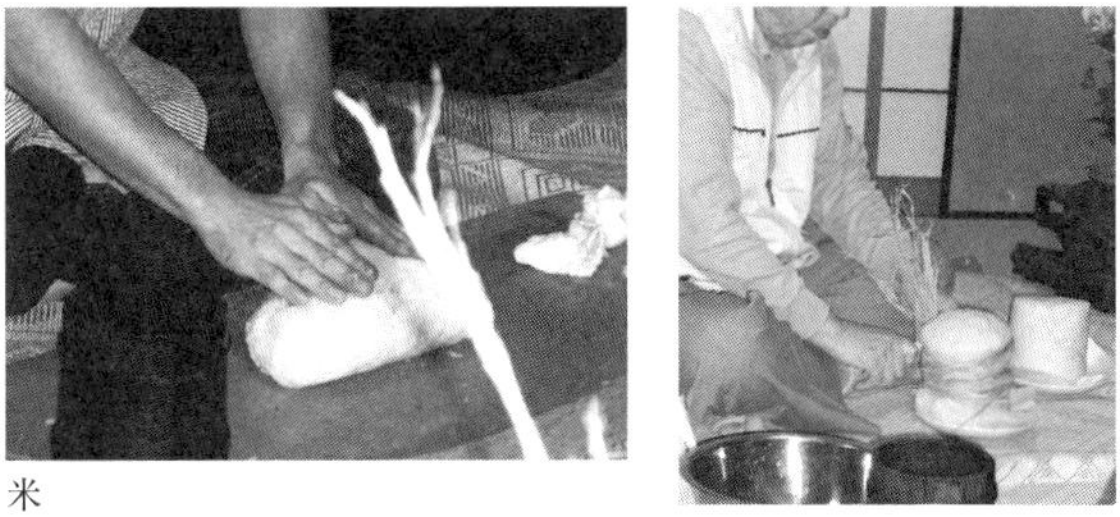

米

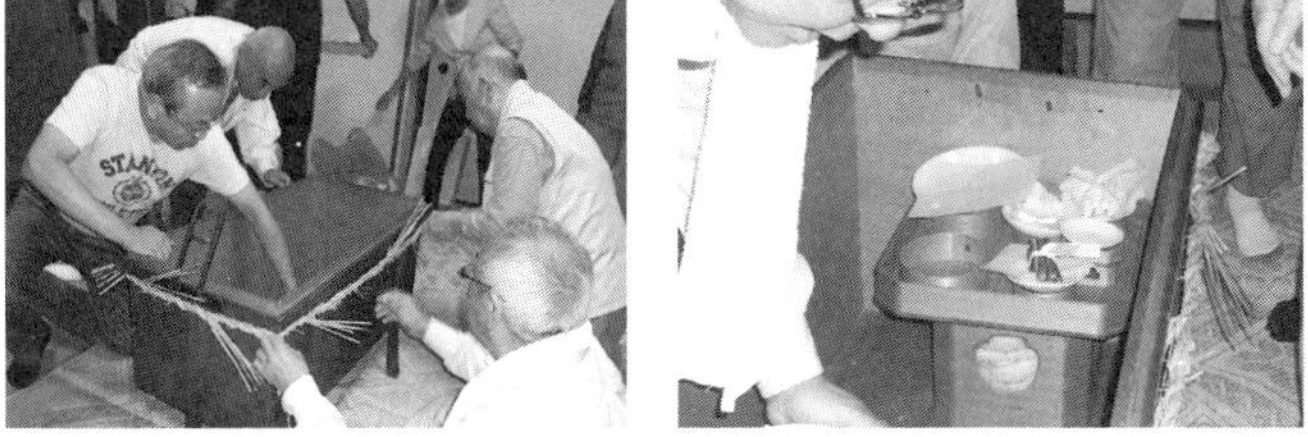

長持の準備

図5　奉納品の作成手引きならびに作成の様子

明くる日曜日は、朝八時にまず町内の人びとが町のなかほどに集まる。そして、太鼓をたたいて町内をまわり、氏子祭がはじまる旨を知らせる「オフレ」を行う。これは、町の東西を道なりに練り歩き、そして町の中央に南北に延びる路から、ロウジの中にいたるまでまわって知らせる。そして、頃合いを見計らって町の中央に持ってきた長持を、前後ふたりで運ぶ。当然、それも男の役目である。町内から出て、隣町（同じ氏神の町でありながら、この氏子祭でも直接主体とはならない町内）を通って、神社に向かう。隣町でも参列の準備をしつつ、すでに集まっているのだが、あくまでも筆者の町内の次に入ることが決められている（図6）。

このとき、剣鉾の巡行もある。巡行というと祇園祭の山鉾巡行を思い出す人も多いだろうと思うが、いわゆるホコマチ以外の、小さな鉾を持つ町内でも鉾を氏神のところから巡行して（神社から町内に運んで）、また戻すということをしている。筆者の町内の剣鉾は、チョウイエがないため、筆者のお隣さんの家で保管されていると聞く。

東石屋町は、今宮神社の葵鉾《あおいぼこ》を預かる鉾町である。鉾は全部で一二本、松鉾、剣鉾、扇鉾などが五月五日の行幸祭（おいでまつり）に今宮神社から西陣の大通りをねり歩きながら今宮御旅所に入り、それから一〇日ほどいて、また行列をつくって今宮神社にもどるわけである（還幸祭＝おかえり）。

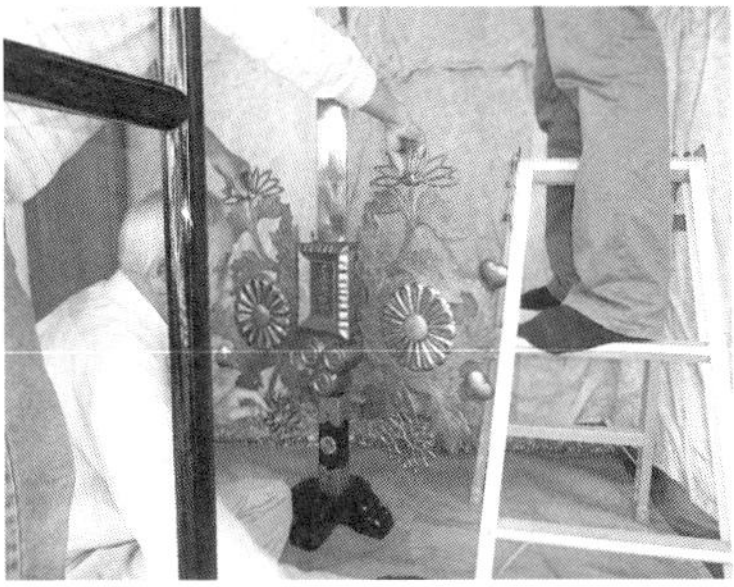

祭りの飾りつけ

「オフレ」の様子

奉納される長持

図6　剣鉾の飾りつけと長持

一二基の鉾は、江戸時代から西陣の各お町内が分担して預かっているのであるが、西陣学区では、この東石屋町が唯一の鉾町になっている。（中略）元禄期より鉾を預かったというから、当時は相当経済力があったに相違ない。その後、鉾の維持の件がもとで、石屋町は東、西に分裂したといわれている。これはおそらく一七四四年（延亨元年）ころのことと思われる。そして裕福な東石屋町の方が葵鉾を維持し続け、現在に至っているのである。（上田 一九七六：一四〇頁）

鉾を預かる町内は、それなりに裕福だというのはわかる。そして、京都に住んでいない人にはなかなかわかりづらいところかもしれないが、それらの鉾はおのおのの町内の祭りで巡行をしているのだ。この巡行の仕方も、西陣学区のように一二の町内が鉾を持っているという状況で、祇園祭ほどの注目度はないものの巡行が行われているとしたら、それはそれで興味深い話だと思う。筆者の住む町内は西陣からは遠い。そして、巡行のかたちも違う。例えば、筆者の町内では練り歩くかたちの巡行はない。あくまでも氏子と氏神の小さな範囲内で行われる巡行である。

話をもとに戻そう。氏神の神社にはほかの神社の応援もあって神主が三人待っていて、そこで長持を下ろし、三つの膳を殿上に上げ、やはり町会長を含む三名が代表で殿上に座る。やはり、お酒などを寄進している人も多く、それらはすべて見えるところに寄進者の名前入りで置かれている。ちなみに、参席者は筆者の町内の人びとのほか、少し後ろに隣町の人びとが参集している。ここでも彼らは一歩引いた位置にいる。ほとんどの人が背広だが、なかには羽織袴の人もいる。

ひととおりお祓いが終わり、祝詞をあげてもらい、参拝もすますと、次に隣町の参拝があって、その後、ナオライをいただく順となる。ここまでが氏子祭の正式な順序で、このあとは町内に帰ってお下がりをともに食べ、酒を飲むという段取りになる。これは隣町も同じで、やはり広めのガレージのあるところに集まっている。

ただし、この食べたり飲んだりする行為（共食）の前に、剣鉾と幔幕が祀られるのを忘れてはならない。祭壇はやはり昨年度の写真などを参照しながら、古くからいらっしゃる方の助言を聞いてつくられていく。祭壇を設置するのは、地蔵盆のときと同じガレージだ。また幔幕は、大正期につくられたものであったが、あまり摩滅が激しいので、数年前中国に発注してつくり直したものだという。古い幔幕も当日は飾られる。このガレージは、いわば「御旅所」の役割を果たしている。地蔵盆の祭壇も同じところでやることから考えても、おそらくそのような意味合いを持つ建物、すなわち町内の有力者の家として、古くから行事の中心をになってきた家のようだ。

だいたい、この祭壇がつくられるところまでが一時ぐらいであり、そのまま昼を別のガレージに移って、「共食」を行う。このガレージも地蔵盆のときと同じ場所だ。そして、昼からお下がりとともに酒を飲むかたちで共食して過ごす。おひらきになるのはだいたい夕方ぐらいで、それまで自由に飲んでいるというのが、この町内のやり方だ。鉾や幔幕を元どおりしまい（しまってあるところはどうも神社ではなく、町内で保存されている鉾を神社へと持っていき、町内へ巡幸したあと、還幸祭をしてから、また保管所へと戻すのか)、後片づけをしたら閉幕だ。だいたい時間的には六時頃だろうか。もちろん、町内の同級生同士、夜は夜で飲みに行くこともあるようだ。

この行事を通じて感じるのは、男性中心が徹底されているということと、それでもかつてよりは女性が活躍する場面があるというふたつの面だ。古いしきたりがいまなお残るのが、古い町内というものなのだと実感する。その最たるものが女性を排除する供物の作成と、同じ神社の氏子でありながら隣町の人びとが一歩下がった位置で参加する祭のあり方だ。隣町との差異はおそらくかなり古い時代にすでに関係が固定され、それが因習的にいまにいたるまで継続しているわけだ。

ただし、隣町では供物をつくるなどの仕事はないわけで、そのぶん楽といえば楽なのだが、外部から引っ越してきた場合、この移り住む町がどのような関係性を氏神や隣町と形成してきたかによって、まったく違った印象を受けるだろうと、しみじみと思う。もしも、筆者が隣町に引っ越してきていたのなら、秋の氏子祭などをそれほど重要なものと認識できたかどうか、心もとない。その場合、いちばん大きな行事だと感じるのは旧小学区内の運動会であったに違いない。だとすれば、「京都の町内といっても、それほどほかと変わらないな」という感想で終わってしまった可能性もある。

また、もうひとつの可能性として、もしも筆者がほんの通りひとつを隔てたホコマチに入居していたとしたら、祇園祭のことはより深く、内面を探ることができたに違いないが、逆にそれが京都のふつうの町内だと勘違いした可能性がある。そう、すでに述べたように、ホコマチの山や鉾は、京都に無数にひろがる「鉾」と「共通する要素がある」（京都市 二〇一五：八頁）ものであり、誤解を恐れずあえて単純化していうなら、祇園祭などその鉾を使ったもっとも特殊な、そして注目度の高い祭でしかない。それにもかかわらず、祇園祭こそ京都の祭だと考えてしまっていたら、より多くの町内が運営している独自の祭の存在に鈍感になっていた可能性もあるではないか。

そういった意味で、筆者がこの町内に引っ越してこられたのは、幸いだったと思う。独自の祭を行うことなくほかの町内の劣位にある立場で祭に参加する町内でもなく、祇園祭のような注目度が高すぎる町内でもない、ちょうど中間に位置する、それゆえに平均的な町内とでもいうべきところに住むことにより、筆者はさまざまなことを学び、その一部を、このように公開できたのだから。

さて、筆者は二章の末で町内での「つきあい」こそが町家で生活していることを担保する第一条件だと語った。そして三章、四章でその「つきあい」の実践を細かく見てきた。その内容は、それほど重たいものではなく、「楽しみながらつきあえる」というものであることも伝えられたと思う。そしてこの町内の行事は、時間の堆積を直に感じられるぐらい、いろいろなことを考えさせてくれるものでもあった。このような「つきあい」をもしもわずらわしいと感じる方や、知らない人の世界、しかも小学校以来の長い時間をいっしょに過ごしてきたような人間関係にポンと飛び込むことに気後れするという方が、「京都の町家」というハコにあこがれ、「つきあい」をせずに単に「京都の古い民家」

というハコを手に入れることの自己満足を得たいと思っているのなら、残念ながらあまりいい結果にはならないだろうといわざるを得ない。そういう方はマンションへ行ったほうが、お互いのためだろう。このようなことをふまえたうえで、筆者の「町家」暮らし、何ゆえに古い家を改修して住んでいるのか、そこには「つきあい」＝「交渉の過程」が持つ「生きられた経験」とでもいうべき意味を感じるからこそ、古い町家に住んでいるのであると述べていきたい。

補遺　道元禅師入寂の地の法要

筆者の住む町内のほぼ真ん中あたりに、道元禅師の入寂の地をあらわした石碑がある。すでにふれたように、この町内で道元が亡くなったのは間違いない事実だ。現在では一〇月半ばにバスで永平寺のお坊さんが大勢やってきて、お経をあげるなどの供養をしているのは、町内の人間なら誰でも知っていることだ。

しかし、この行事も決して昔からあったものではないという。同じ町内の九〇代の古老が、商社を退職したあと、三〇年以上の長きにわたって道元禅師入寂の地の石碑はもちろん、地蔵盆で祀られるお地蔵さんや氏神の神社など周囲の神社仏閣を毎朝拝んでいるのだが、それまではこの石碑の面倒を見る人間はいなかったという。

古老は筆者の家の近所に住んでおり、運動会のあとにお話をうかがったとき、このことを話してくれた。「三日や四日は、誰でもできますねん。三〇年は容易じゃおまへんで」とひょうひょうと語る古老は、背中から長い人生の味がにじみ出してくるようなご仁だ。

彼が語るに、道元禅師入寂の地のあとが、あまりにも荒れていたので、掃除をし、毎日拝んでいたという。これが曹洞宗の本山であるところの永平寺の知るところとなり、一時は永平寺から管理人に就任してくれるように頼まれたという。

「せやから、私は断りましてん。自分で好きでやってますから、お参りはさせていただきますけど、管理人には絶対にならんと、こういいましてん」。

永平寺としては放っておくわけにもいかず、その古老の慈善奉仕を受けたうえで、年に一度、一〇月中頃に石碑を訪れて、供養するようになったという。

このように、町内の行事とはいえないようなことも、町内の人によってになわれ、そして善のひろがりを持つことがある。これは、町内の動きが必ずしも昔の行事を因習的に引き受けてやっているだけではないということを裏づけることだ。もしも、町内会が過去の行事を因習的にやっているだけであれば、戦時中だといっても防空演習などはできなかったはずだ。むしろ、このようなその時代その時代の善だと信じられる行為をそれぞれ自主的に行う用意が町内の人びとにあり、それゆえに道元禅師の供養のような良い方向での果実も実るのである。また逆に、この自主的な行動力が戦時的な協力体制へと結びつくこともあるが、これは彼らが悪いわけではない。あくまでも、与えらえられた条件のなかで、それなりに最善をつくしていることが、負の結果になってしまっただけのことであろう。

このように、町内の人びとは、決して因習的に過去の行事を繰り返しているだけの後ろを向いた組織ではないということを証明すべく、ここに補っておく。

五、京都の町家の構造と力

このようにして、筆者は京都の町家に住むことになった。でも、筆者はその町家＝「つきあい」のどこに魅力を感じていたからだろうか。やはり考えてみなければならない。例えば、古い町家が筆者のあこがれだったのは、まず次のような意味があるだろう。それは、コンクリートのオバケにつくりかえられる前の、筆者の生まれた木造の家への郷愁だろうと思う。あのときの家は、壁はあたたかく、柱には頼りがいがあった。もしも自分が家を持つとしたらあのときの木造家屋へ回帰したい、という思いが心のどこかにあったのかもしれない。それは、風邪をひきがちだった筆者の身体のなかにあった、無垢の木の家へのあこがれだったのだろう。現実に、この家に引っ越してから、筆者はいちども寝込んでいない。いろいろ理由はあるだろうが、おそらくこの古い木造家屋の通風のよさによるのではないかと考える。

無垢の十二センチ角の柱なら、湿気た時には一升瓶の三分の二ほどの水分を吸ってくれたり、乾燥した時には少しずつ水分を吐き出してくれる。自然のエアコンの役割を果たしてくれる。木が生きて呼吸してるからできることなんだ。

（前場二〇〇六：四二―四三頁）

筆者の家にはこのようなぶっとい角の柱が何本も建っている。余談になるが、大黒柱などは比較的細いが、これは町家の性格上仕方ない。大黒柱を自慢するのは農家の建て方で、往時は町家なら柱より梁で太いものを使っていた。実際、筆者の家の梁は見事で、隠すのが惜しいのでむき出しにした。それはそうと、コンクリートと鉄筋のマンションには絶対にない、この肌で感じる呼吸。そうだ、この家は生きているのだ。だから、風邪などをひいても、菌は繁殖しづらいのではないか。また、町家は風が通る構造になっている。きっとこの構造も菌の繁殖を防いでいるのではないかと思う。

余談になるが、日本家屋の欠点として取り上げられがちなこの通風の問題も、弁護しておこう。これは、当たり前といえば当たり前で、なにしろ昔の煮炊きはすべて竈に薪なのだから、もしも気密性が高ければ、夏は暑くて死んでしまう。だから、「夏をもって旨とする」建物をつくらざるを得なかったのだ。逆に、薪の火はあたたかいから、これだけすきま風が吹いても、冬もそれほど寒くなかったのかもしれない。筆者の家では薪ストーブを入れているのだが、その薪の火のあたたかさから考えるに、朝晩に薪で煮炊きしていれば、家の中はずいぶんぬくもったのではないかと想像できる。

ただし、現在では竈は消防法違反となってしまった。だから古い家でも、仕方なくシステムキッチンなどダイニングキッチンを導入せざるを得ない。すると、薪の火があたためてくれる状況とは距離があるため、古い家は冬寒いという悪循環に陥ってしまい、古い家は欠点が多いと感じられ、ついに住みにくいから建て替え、ということになってしまうのであろう。

話をもとに戻せば、たしかに筆者には無垢の木の家に対するあこがれはあったが、それが直接京都の町家というふうにはつながらないとも思う。町家を取得しようと思った理由はそれだけではなかったはずだと思う。例えば、無垢の家がいいのであれば、新築で「無垢の家」を建てるというのだって選択肢に入っていていいはずなのだから。ここについてはいろいろ考えてみたが、あんまりはっきりした動機がわからないものの、それ以外のもうひとつの意味が重なっていたからこそ、町家が好きになれたのではないかと思うのだ。それは、「自分の居場所」への飢えにも渇きにも似た感情だと、とりあえずいっておこう。

筆者にはいま、家族といえる人間が齋藤由紀という妻ひとりしかいない。もちろん、さびしくはないが、日本でも韓国でも外国人あつかいされ、甚だしくは朝鮮学校出身の朝鮮総連系や民団系（いわゆる組織系）の在日に疎外されることさえしばしばあった。筆者の生まれた品川区は石原慎太郎の地盤であり、彼が当時は同じ自民党所属だった在日朝鮮人としての出自を持つ新井将敬をも差別していたのは、いまも鮮明に覚えている。小学校を卒業したときも、地域が主催するお祝いの会に、筆者と近隣に住む金というやはり在日朝鮮人の子だけが招待さえされなかった。このことは、心に深い傷として残っている。品川区は外国籍者に成人式の招待状さえ送ってくれなかった。電話して問い合わせると「来たければ来ていい」といわれたが、けたくそ悪くて行く気になれなかった。当時、北朝鮮系の朝鮮留学生同盟という学生組織で活動していたが、結局、総連系の人とはどだい意見があうはずもなく、飛び出してしまった。ここまで排除され、疎外されても、朝鮮語を必死で学ぶことで心の穴を埋めようとした。祖国だと信じた韓国なら、いくら何でもそんなにひどい思いをしないはずだと、祈りにも似た気持ちで学んだのを覚えている。でも、長じてから渡った韓国では、それ以上に冷たい差別にぶつかった。日本で生まれた筆者は「日本人」でしかない、日本に帰化するべきだとさえいわれ、そのうえで日本があぁ悪いこう悪いと延々といいつのる学生たちが、その発言が差別にほかならないということにさえ気がつかないということにげんなりし、「つきあう」気持ちさえ萎えていった。筆者は日本人でも韓国人でもない人間になるために、どん底からはいあがろうとあえいだ。

大学院を出ても就職のない時代だといわれるが、筆者は幸いにも大学に職を得られた。最初の任地となった京都ノートルダム女子大で、いまの妻に出会った。それから長い時間をかけ、さまざまな困難を乗り越えて、ふたりはいま、京都に住んでいる。筆者が唯一家族だといえる人と出会ったところ。ここで筆者は生きようと決めた。この地で死のうと決めた。そんななか、町家とよばれる建物が目に入った。そこに住まう人びとは、いかにも無防備に見えた。いつでも近所の人が入ってこられるよう、玄関が開いている世界。筆者の家の前の持ち主も、裏は鍵をかけなくていいというほどに隣近所を信頼しきった生活。筆者は無意識のうちに、このような生活が可能な「人間関係」すなわちご町内の「つきあい」の網の目に入ってみたいと思った。きっとそれが中年男のぶざまではかない夢にすぎないとしても、いちどは飛び込んでみる価値があると、そう筆者は思ったのだ。

こういうと、筆者が「昔の生活に戻るべきだ」といっているのではないかと誤解する向きもあるかもしれない。だから、念のためいい添えておこう。例えば京都で古い町家を取得するとしても、その生活は現代生活そのものとなる。台所は当然システムキッチンだし、トイレも水洗だ。だから、古い町家に住むといっても、それは畢竟和モダン住宅にしかならない。だから古い家に意味がないというのではない。多少逆説的ないい方になるが、だからこそ時代が流れるにつれ少しずつ変わっていく「つきあい」のなかで生きるという気持ちを大切にすることが「町家に住む」ことの意味になると思うのだ。

ここが古い建物であり、しかも単なる「和モダン」とでもいうべき近代的改築をほどこした家だからこそ、建物に残っている柱の傷や生活のにおいそのものをとりまく環境をすべて引き継いでいこうと、筆者は思う。ましてやこの家は、一〇〇年以上前の無垢の木でできているのだから、そのような「いい家」を大事にしようと考えたい。それは現代の新築の家にはない、「時間の堆積」とでもいうべきものがしみついた、極めて魅力的な建物ではないか。

住宅の商品化のひとつの帰結として、住宅というモノが耐久消費財と同じように使い捨ての対象、すなわちスクラップ・ビルドの対象となったという問題がある。これは、①の「時間の堆積性」という論点とかかわる重要な問題である。減価償却という考え方に典型的に示されているように、住宅というモノは、新築時点を頂点にその価値は減退していくと考えられている。こうした考え方は、建物の劣化や地震などの要素を考え合わせるとある程度仕方ない側面もある。ただ、時を経ることがもたらすモノへの影響を、経年劣化という観点からのみとらえる思考は、モノをとらえるうえでかなり一面的な見方であるといえよう。

（山本 二〇一四：二二〇頁）

山本氏はこのあとで、同潤会や住宅公団初期の分譲住宅などについて、「半世紀の時を経て、およそ新築の住宅では醸し出すことのできない雰囲気と年輪を感じさせるものに変化して」いることを例にとり、これらの魅力を「時間の堆積性」という観点から見直すことを提案している（山本二〇一四：二二〇‐二二一頁）。たしかに古いアパートには新しいものにない味がある。筆者が古い町家に感じた魅力も、このような見方にとても似ているといえよう。ただし、筆者の場合は「無垢の木の家」というものへのあこがれであり、同潤会アパートに感じるものとは少し違うが。

このような「時間」については、多木浩二氏もまったく別の観点からふれている。

長い世代にわたって生きられた家ほど、家族の歴史についての記憶が充満している。西洋の十七、八世紀の貴族の館やブルジョアジーのサロンには、夥しい数の肖像画がかかっていた。これらの肖像画はたいていその館の所有者と家族、及びかれらの父祖のものである。墓のなかではすっかり朽ち果てているであろう人びとをうつしだす「時間の鏡」であり、館の住み手は、これらの肖像つまり自らの家族の歴史によって、自分を認識し他人に対する存在（身分）として自分を把握しえたのである。かつては、のような過去把握が、住み手にとって住むこと、生存することの意味の発見にほかならなかった。だからかつての家は、記憶つまり時間の象徴にみちていたのである。

（多木 二〇〇一：二二二－二二三頁）

古い家を見るときに感じる「堆積された時間の重み」は、このようなその家に刻み込まれた家族の歴史なのであり、いわばそれを「商品」として買い取る側にとっては不必要なものだともいえよう。にもかかわらず、同潤会アパートや初期の分譲用公団住宅に、新しいものにはない味があると感じてしまうのはなぜだろう。

山本氏の議論でもうひとつ重要なことばが出てくる。それがスクラップ・ビルドだ。すべての家が「時間の堆積性」を感じさせるわけではなく、新しいときがいちばんよくて、だんだん価値が落ちていくという耐久消費財として、高度経済成長期以降の建物は見られている。現実に、地方自治体が課す固定資産税は、新築であれば極めて高い税率をかけてくるし、古いものを修繕して住むならば住宅（いわゆるウワモノ）にかかる税金はほとんどないといっていい。現実に、筆者の家も固定資産税を払ってはいるが、それは土地にこそ重くかけられているのであって、ウワモノに関してはほとんどないに等しい。築年不詳とされる古い家は、減価償却しきった状態なのだから、当然といえば当然だ。

それでも一般的に見て、新築こそが人気があり、古い家を修繕して住みたいという人は少ない。やはり、現在の人びとの感覚では、家など車と同じ消費財で、中古は安いに決まっているとされるわけだ。これはマンションに典型的にあらわれている考え方だろう。

しかし、筆者はあえてその古い家を選んだ。考えてみよう。他人がつくった家族の時間の堆積性、そこに想像力を働かせることで、自分は「町」に溶け込むことができる。例えば、筆者がいま住んでいる家を最初に訪れたとき、柱や戸には傷があり、おそらくは手ずれのあとであろう黒光りする手すりがあり、すでに亡くなられたというそのうちのご当主の写真が飾られ、そのご当主が手入れしていたという庭木があり、大切に育てていた山椒の木があった。

この築一〇〇年はあろうという建物は、隣もそのまた隣も同じようなたたずまいの古い町家であった。町家のなかにはハシリとも「通り庭」ともいわれる土間がある。玄関を入ると建物の東側にまっすぐに延びるこの土間は、途中に井戸のあとと台所を横目に、そのまま裏庭へと通じている。土間は、家の中にある「通り」であり、「庭」でもある。だから、玄関を開けていればご近所の人が覗いていくような空間だ。おそらく筆者は入居する以前に、この家はそのような「交渉過程」を内在させつつ存在していたのであろう。だからそこにあったのは、「家族の時間」であるとともに、「町内の時間」だったといっていい。このふたつの時間は、厳密には分けることができない。それが京都の町家を擁する空間に色濃く息づき、その証拠として柱の傷や、戸に同化したガムテープのあとや、黒光りする手すりに定着してる。おそらくは、町内のどこの家にも同じような傷やガムテープのあとや手ずれのあとがあるはずだ。それらは毎年同じように繰り返される町内の行事と、それをになってきた町内の人びとの積み上げてきた年輪であり、もはや各家の所有者個人のものではない。それを「町の景観」などという軽いことばで表現するのは気がとがめる。むしろそれは、町内のあらゆる世帯で、あるいは赤ん坊が生まれたことをことほぎ、あるいはお年寄りが亡くなったことをわがことのように哀しみ、もしも転出者がいれば涙で別れを告げ、新たに転入してくる者がいれば隣近所のつきあい方を教え、しきたりを教え、氏神祭のあり方を教え、ゆっくりと町内の「時間」につつみ込んでいった、その身体の交渉そのものだと、いま筆者は考えている。筆者がこの古い町家の生活は、第一義的に「つきあい」によって成立するといったのは、まさにこの意味でなのである。

だからこそ、筆者はこの町内で生きようと思う。妻とふたり、この無垢の木でできた家で、長い時間をかけて積み上げられた「つきあい」のなかで。あわてることなく少しずつ町内になれ、笑って皺を増やしながら、壁や床や柱に傷を増やしながら。この生き方が正しいかどうかは、いまの時点ではまだわからない。でも、いままで居場所らしい居場所を持ち得なかった筆者は、いまこうして妻とふたり穏やかに暮らしている。そう、答えとはそんなに簡単に出るものではなく、きっと長い人生をかけてつくっていくものだと思う。これこそが、筆者にとっての「町家に住む」ということなのだ。

第二部　町家を手に入れる

――町家に手を入れる

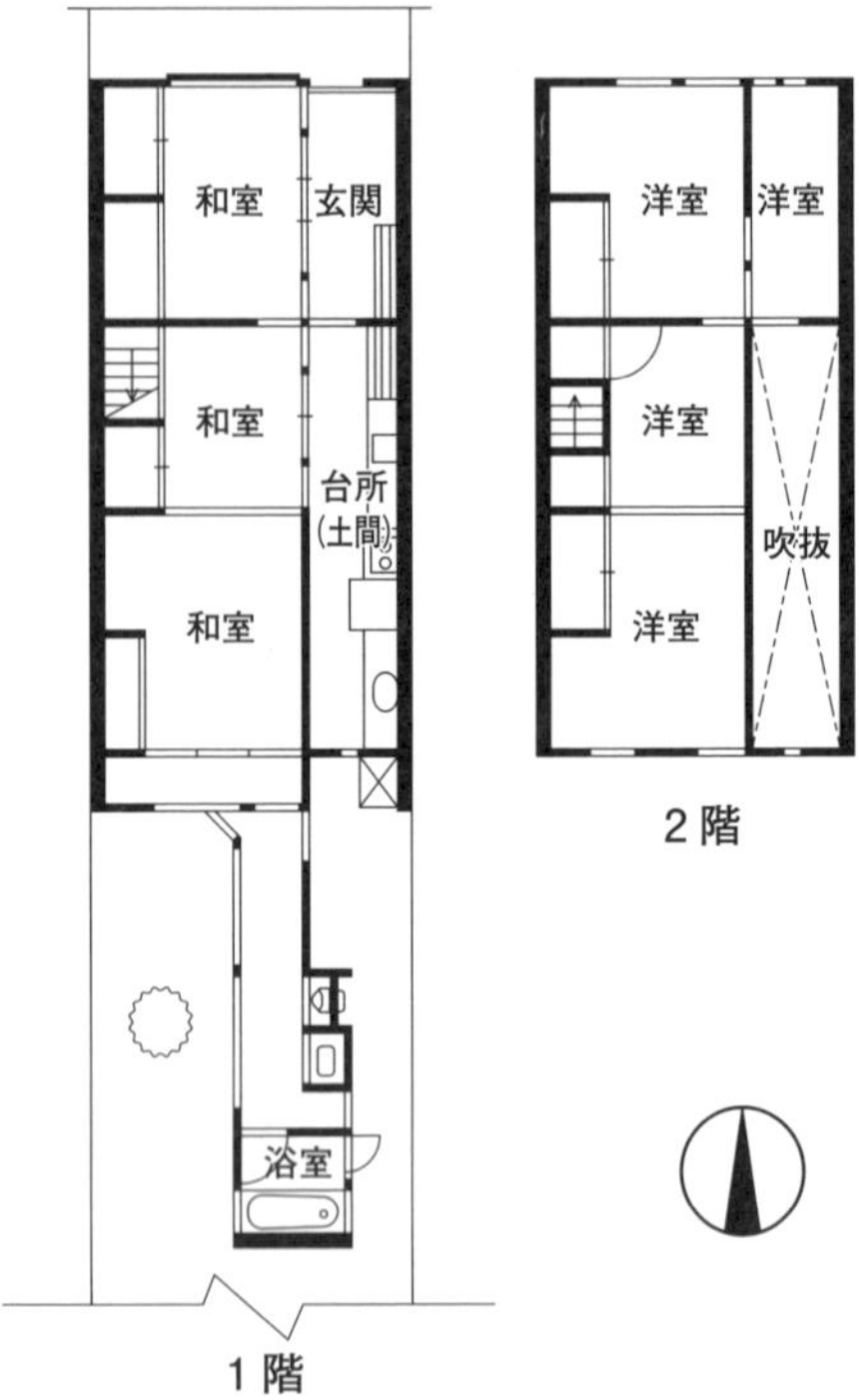

改修前の「京都じゃっかどふに」平面図

はじめに

家づくりは、難しい。なぜなら、多くの人にとって何度も体験することではないからだ。相応の資金がかかるうえに、完成してから不便だとか使い勝手が悪いと思うことが出てきても、そう簡単に手直しすることも適わない。世間では「理想の家を手に入れるには、三度建てなければ叶わない」などともいわれる。けれども三度も家を建て替えたりすることが果たしてどれだけの人にできるだろうか。そこでライフスタイルにあわせて住み替えることなども考えられる。それが可能ならば、多少家の住み心地は解決するのかもしれない。でも、住むということは、近隣とのおつきあい、仕事との絡みなど家族の事情がすべて複雑にかかわってくるから、そう簡単に住まいを移すわけにもいかないのが現実だろう。

筆者は家づくりにあたっては、夢、希望、思いが一番大切な気がしている。それらを具体化しながら家を建てていくのがいいのではないかと考えているわけである。さらに実現するためには、資金も必要であるし、人からの援助が欠かせない。

心地よい住まいを手に入れるためには、どんな家が安らげるのかということから考えだしてみるのがいいのではないだろうか。もし、そのとき何も思い浮かばなければ、街へ出て自分の好みの住宅を探すのもよし、本を求めてそのなかで共感できることを見つけていき、それらを参考にして、例えば「玄関はこうしよう」といった具合に、一つひとつ具体化していくというのが自分にあった家を実現できる道のように、いまこの本を書きながら思えてくるのだ。まずは、家に何を求めるのかを出発点に、自分たちの夢がいっぱい詰まった家（「京都じゃっかどふに」という）を実現していった道程を紹介させてもらおう。

資金計画についてもお話しする。自己資金ですべてまかなえるなら心配はいらない。しかし、たいていはどこからか資金を提供してもらわなければならないだろう。そこで、銀行などでローンを組み、資金を借りることになる。筆者らもお世話になっているわけで、ローンを組むことで社会勉強ができたとも思っている次第。手数料やら税金なども払うことになるから、普段知らなかったお金にまつわる用語にもたくさん出会う。

人にもご縁が生じていく。不動産業者さんを皮切りに、建築家、工事関係の方々と知り合い、コミュニケーションを重ねることになっていくはずだ。さらに、土地探しからはじめる場合には、転居することになるわけで、転居先の近隣、ご町内の方々とのつきあいも加わってくる。実に多くの人とのかかわりがあって家ははじめて落成の日を迎えられることとなる。

この部では、筆者らが家を探しはじめ、さまざまな事情を乗り越え、入居するまでのことをお伝えするものである。後悔や失敗したことも書いたので、家探しを考えている読者の方には、参考になるのではないかと思ったりしている。

一、町家って何だろう

「京都に住むなら町家に住みたい」連れ合いのそのことばは、筆者に家探しの方向転換をさせた。

数年前から家を探しはじめていたのだが、「街中に住むならマンションがいい」、そんな漠然とした想いに筆者自身はとらわれていた。マンションは何となく便利で快適そう、それに加えて新しい物件が次々に分譲されている。つまり、そんなに苦労しなくてもたやすく自分たちの条件や好みに合う物件が見つかりそうだと考えていたわけだ。いまとなっては家づくりは難しそうだから、既製品で間に合わせてみようとの浅はかな考えがあったことを告白させていただく。また、マンションで本当に気に入る物件を取得するのは難しいことでもあることを知ったので、あとで紹介させてもらう。

家探しをはじめた時点ではいくつか気に入ったマンションの物件が見つかっており、連れ合いにその物件について相談したところ、返ってきたのが先述のことばだったのだ。「町家は一〇〇年建っているんだよ。これからだって手入れをすれば、あと一〇〇年は住み続けることができるさ」。この言葉を聞いて即座に納得してしまった。一〇〇年もこの地に息づいてきた町家、うなぎの寝床とかいわれる家、たしかに京都にせっかく住まいを持つなら、そんな家に住んでみたい。ここから筆者と連れ合いの町家探しがスタートしたのだった。

でも、町家って、いったい何。いざ考えてみるとわかっていそうで、うまく説明できない。壁が漆喰なら町家なのだろうか、屋根に鍾馗《しょうき》さんがいたら町家とよぶのか。

『京町家の再生』（公益財団法人京都市景観・まちづくりセンター編）によると、町家は以下のように特徴づけられている。

京町家は京都のまちなみ景観を特色付ける木造の伝統的都市住宅である。そこには、京都のまちなかでの「暮らしの文化」、建築そのものが持つ「空間の文化」、そして職住共存を基本として発展してきた「まちづくりの文化」が受け継がれ、現在も息づいている。新しい文化を機敏に感じ取り、質の高い伝統的な文化に融合させてきた「京都」――。京町家は市民生活レベルでこのことを実践・体現してきた（一〇頁）。

町家をひとことで定義づけるのは難しそうだ。この記述にしたがうと、町家を特徴づけるのは、建物の持つ特徴とそこに住まうこと、暮らし方のスタイル、さらにひとつの建物にとどまらない近隣地域を含めた暮らし方、京都の自然や年中行事を含めたライフスタイルにまで視点を持って考えなければならず、それやこれやも含めてはじめて定義づけられるもののようだ。とはいえ、道を歩きながら、「いい町家だな」と思う建物がある。例えば、通りに面している格子、出入口の木製の戸。ばったり床机とよばれる和製ベンチに出会うと、もうそれだけで目が釘づけ状態になってしまう。

筆者は町家を難しく考えずに、伝統的様式を取り入れた木造建築と広くとらえて話を進めていこうと思う。最初は単なる木造建築の家と町家の区別がつきにくかったのだけれど、たくさんの家々を眺めているうちに、町家とそうでない家との区別ができるようになっていった。町家はだいたい一九三〇年代以前に建てられた日本家屋と思ってもらえればいいだろう。ここから町家の魅力について話していこう。

二、町家の魅力

町家の出入口の戸は、一つひとつに個性がある。とくに木製の場合、家に合わせた意匠が凝らされていることが多く、そこに注目してほしい。例えば、人と荷物の出入りを分けて考えている戸がある。人の出入りのためには潜り戸という小さな戸があり、その外側に荷物を運搬するための大きな扉、すなわち大戸とよばれる戸がつくられているタイプだ。目的に合わせて出入りも考えられていたのだなぁと感心してしまう。普段は人の出入りのことを、時に荷物の搬出入を必要とする場合を想定してつくられているわけだ。

この戸のほか、木製の戸にガラスが組み合わさっているような扉も注目してもらいたい。いまではめったにお目にかかることができなくなってしまった気泡の入った分厚いガラス、ゆらゆらとゆらめいているようなガラス、文様の入ったガラス、また下半分が磨りガラスで上にいくほど透明になっていくなど、ガラスの表情が異なっていて戸に個性を与えている。なかには家紋入りのものまであったりするから、そのあたりの意匠の凝らされ具合にぜひ目を向けてもらいたい。その家の商売との関連性や、あるいは住まう人の好みなど、思わず考えさせられたりするものがあったりするのだ。

数年前、『おおかみこどもの雨と雪』（細田守監督、二〇一二年公開）というアニメーションがあったが、主人公たちが田舎へと引っ越したとき、家を掃除していたら、ガラスにもみじの意匠があるのに気づき、ハッとする場面が描かれていた。古い家に住むということは、このような少し昔の人たちの粋な意匠に気づく機会に恵まれるということでもある。

人を引き寄せるような感じがするものや、逆にある一定の距離を感じさせるものなどがあって、とりあえず「こんにちは」とお邪魔してお話をうかがいたくなる。けれども、なかには戸の様子からでも京都の〝一見さんお断り〟を彷彿とさせるものもあったりするので、なかなか声をかけたりというわけにはいかない。散歩ついでに町家の玄関を見て回るだけで結構たくさんの発見があったりするものだ。

玄関戸から横を見てみると、格子が並ぶ。格子にも、商売や建築された時期によっていくつかの種類があるようだ。糸屋格子、米屋格子、お茶屋格子などかつては何を商うかによって決められていたのだろう。格子も昔は看板の役割の一部を果たしていたのかもしれない。外から見ただけでその家の職業がわかるようになっていたなんて、まさに職住共存の時代を伝えてくれている。また、住んでみると格子は家の外と内の境界にある建具としてとても優秀なことがわかる。なぜなら、通りから家の中は見えにくいのに、家の中からは通りがよく見えるからである。

通りから建物二階に目を移すと、虫籠窓《むしこまど》や鍾馗さんとよばれる意匠に出会う。虫籠窓のある家のほうが、総二階建てになっている家よりも年代的に古い時代に建てられたものだ。なぜなら昔は、二階があることを隠す風潮があったからだ。二階から通りを見下ろすのがよくないことだったのだろう。そのため、通りに面した二階の窓は極端に低くなった構造となっている。そこに土を塗り込め虫籠のような意匠を施した。厨子二階《つしにかい》とよばれるものだ。まるで人が虫籠の中に暮らしているみたい。昔の人は自然と親しみ、同時に畏れていたのだろう。実際に住んでみての感想は別に紹介したい。

町家は瓦にも特徴がある。一文字瓦とよばれるものだ。軒先の瓦がまっすぐに並んでいるから、一文字に見えるのだ。通常の円形をしている瓦を万十瓦とよぶそうで、それとくらべるとすっきりとした印象になる。そんな一文字瓦には鍾馗さんがよく似合う。鍾馗さんとは、屋根の上に鎮座し、疫病を退散させたという中国の故事にならった邪気避けだ。筆者らの自宅も瓦を修復しなければならなかったので、復元した虫籠窓の前に、鍾馗さんに鎮座していただくことにした。間口は狭い家だが、鍾馗さんがいるだけでしまった感じになり、町家度も大幅にアップしている。

虫籠窓や格子がなくても、町家である建物はある。厨子二階になっておらず、きちんとした高さのある二階があっても伝統的な様式のある家は、すべて町家だ。平屋や三階建ての様式の町家もある。通りに面して塀などで囲われたりしている町家もあり、風格を感じさせてくれる。

通りからは一見して町家と気がつかないような場合もあったりする。ファサードのようなものが町家を覆っているように建てられているもので、これは看板建築とよばれている。いつの時代にも流行があるようで、看板建築も一時大流行したようだ。看板部分をとりはずし、なかにある元の町家を復元してもらえれば、レトロ感たっぷりの通りが出現するところが京都にはまだまだ残っていたりする。宗田(二〇〇九)は、町家の調査について報告している。それによると、

一九九五年に「京都都心町家調査」を始めた。(中略)全数を数える「悉皆建物調査」と住民アンケート調査、訪問ヒアリング調査の三つの調査を重ねた。その結果、都心の田の字地区には八〇二一軒の木造建造物があり、その九割以上が伝統様式を備えていることが分かった(一六頁)。

この記載から町家にはそれを特徴づけるものとして伝統様式とよばれるものがあることがわかる。

実際、自分たちの住まいとして町家を探しながら市内を歩き回っているうちに、木造建築の家を見て、すぐに「これは町家だ」とわかるようになっていった。それは前述したような出格子、屋根の形状、壁の設えであったりする。さて、町家はいくつくらい京都市内にあるのだろうか。宗田（前掲）から探してみよう。

その後一九九八年には、京都市都市計画局と京都市景観・まちづくりセンターが「京町家まちづくり調査」として、ボランティアの皆さん六〇〇名の参加で、上京・中京・下京・東山の都心四行政区で同じ方法で行った。この調査では町家が約二万八千軒あることが分かった。また、その五年後の都心部限定の調査と照らし合わせ、二〇〇三年には二万五千軒に、約一〇パーセント減ったと推定される（一六頁）。

毎年約一〇パーセントも減り続けるのだとしたら、筆者たちが家を探しはじめた二〇一〇年には、二万軒を切っていただろう。そのなかから、広さ、価格、利便性を考えながら、理想の町家を探しあてることがどのようなことだったのか。ここから実際にどのように自分たちの住まいとなった町家を探したかをお話しする。

三、家探し、初めの一歩

まずは不動産の広告やインターネットなどから町家らしき物件を探しだし、「これは」と思う物件を見つけると住所を手がかりに現地へ出向く。こういったことを約一年にわたり続けた。

町家が売りに出される場合、多くは土地として売りに出される。その土地に古屋付きとして記載されている場合が圧倒的に多い。なぜ、立派な家があるにもかかわらず、土地として売りに出されるのだろうか。そこには、町家それ自体は老朽家屋とみなされ、あまり価値のあるものとみなされていないという現代の通念が横たわっている。筆者はこのような考え方が、町家を取り壊すことに直結しており、年々約一〇パーセントの割合で町家が姿を消していくことを招いていると考えている。せっかく、伝統様式に彩られる住まいに住みながら、あるいは目にする機会に多く恵まれながら、町家に価値を見出せないとしたら残念でならない。建物は一度壊したら、二度と同じものは建てられない。まして古い材木で、伝統的様式により建てられているものなら、なおさらである。何十年、場合によっては一世紀を超えて、風雪にも地震にも耐えてきている建物だからだ。

実際、売りに出される町家のうち、そのいくつかについては、建物の老朽化が激しく、もはや手の施しようがない場合もあるだろう。こうしたケースは、古屋付きの土地として売りに出されても致し方ない。しかし、町家の持つ価値をもっと多くの人たちに気づいてもらえれば、古屋付きの土地として売りに出される前に何とか改修するといった手だてを講じることができるはずだ。売りに出される場合、せめて、町家の価値を含めて紹介されるようになってほしいものである。

不動産広告のなかには、京町家、あるいは町家ということばが誇らしげに書かれている物件もある。これらは土地の価格に建物の価値も計上されている物件である。だから、このような広告を目にしたときには、とりあえず一番に現場に駆けつけるようにした。それでも、筆者たちの家探しは、思いのほか、困難をともなった。ここから、今の家に出会うまでの日々を振り返りたい。

とりあえず、売り家に関する情報を手に入れることが一番なので、インターネットをチェックし、不動産関連の広告をできるだけ集めることからはじめた。歩いて回れる範囲にある不動産屋に出向き、広告を集める。週末の新聞の折り込み広告には、不動産関連のものが必ず入るから要チェックだ。

次に、入手した不動産広告から、町家と書かれているものがないかどうかを見ていく。それから、土地として売られているもののなかから「古家付き」という記載のあるものを探していく。「古家付き」という文字を目にしたら、値段や土地の形状、交通の便などを考慮したうえで、町家の可能性があるのではないかとおぼしきものにチェックを入れていく。実際に現地に行ったところ、そこにある家屋は町家ではなく、単なる年代を経た建物である場合も結構あった。

実際に見に行って最悪のケースという場合もいくつかあった。家は立派な町家であるのに、すでに重機が入り筆者らの目の前で壊されていく場合である。そんなときは、「ごめん。遅かったね、助けられなかったわ」と胸のうちでつぶやき手を合わせるしかない。こんな日は、どうにもやりきれず、「なぜもう少し早く見つけることができなかったのかしら」とか、「どうしてあんな立派な建物を簡単に取り壊してしまうのだろう」とかいろいろ思い悩んでしまい、帰りの足取りが重くなっていく。つくづく不動産はご縁のものだと思い知らされた。

町家探しは、町家がすべて「古家付きの土地」として売られるとは限らないから、なお探すのに困難がともなうことになる。いくつかは中古物件として売りに出されることもある。そういう物件は、まだ手を加えれば住める割合が高いので、町家探索者にとっては、ありがたいものとなる。家屋そのものの価値がきちんとあるとみなされていることから中古物件として紹介されているわけだ。古家付き土地と書かれている家とは建物の傷み方に雲泥の差があるといえるだろう。もし、これを手にされているみなさんが筆者たちと同じように、町家を改装して住もうと思われるなら、中古物件と紹介されているものをできるだけ購入されることをお勧めする。さらに「京町家」「町家」とうたわれているものならベストである。なぜなら、購入後の改修に手間と時間、予算があまりかからないですむからだ。

いずれにしても、町家を購入するとなると、取得にかかる費用に加えて改修にかかる費用も想定しなければならない。かなり高額な出費を覚悟するしかない。それでも、町家を改修することは、あらたに伝統的な木造建築を建てるよりも割安であると筆者らは思っている。

実際に町家を探し、市内を歩き回っているうちに、京都の上京・中京・下京、および東山の各区のどのあたりに町家が残っているか、ということがわかるようになってきた。加えて、不動産としての価格帯もおおよそ見当がつくようになっていった。町家を探して現在の家を見つけるまでの足かけ三年のあいだに、上京区、中京区、下京区を中心に五〇軒くらいの物件を見たかと思う。遠いところでは、左京区の一乗寺や修学院あたりにも行った。東山地域にも足を運んだこともある。

適当な町家が見つかり、不動産会社に問い合わせたところ、すでに売却が決まっていたり、土地が借地であるため断念するといったことも何度かあった。

町家の物件をより多くあつかう業者や町家専門のサイトを運営している業者もわかるようになってきた。それらの会社は、京都に伝統的な住まいである町家を何とか残したいという思いを大なり小なり持たれていた。これからも、町家に住みたい人と売りに出される町家とを上手につないでいってもらいたいものである。

四、「京都じゃっかどふに」との出会い

筆者らは研究者である。とくに連れ合いが専門とする分野では多くの蔵書を必要とする。研究者と

して現役で働いているあいだは、勤務先に研究室をもらっている場合が多い。だから、ある程度は本の置き場に困らないですむ。しかし、いずれ退職するわけであるし、研究を進めるためには、すぐ手にできる場所に本を置いておくことが必要である。本をきちんと手元に置いておきたい、そのことが自宅の購入を決める動機だった。

連れ合いの本は、この原稿を書いている二〇一三年現在で約一万冊である。これから退職するまでのあいだに、軽く二万冊は超えるだろう。これだけの本を収納するスペースがある家、それが筆者たちの家探しのポイントだった。

万を超える本を無事に収納できるスペースのある家、それでいて当然資金のことがある。そうなると、長屋形式の家では手狭である。また、逆に大きすぎると資金的に手が届かない。そんなこんなで筆者たちの町家探しは困難を極めた。探しはじめて一年が過ぎようとする頃、「もう京都に住むのは無理だね」といいあいあきらめかけた。実際に神戸で物件を探しはじめていたのだ。そのとき、ふと目にしたのがいまの自宅の広告だった。とりあえず、お世話になっている不動産会社の担当者に電話を入れた。

不動産会社、担当者どちらも家を購入する場合は、非常に大切だ。筆者たちはいまの家を手に入れる前にひとつ大きな失敗をしている。だからこそ、これから家を探す方には信用のできる不動産会社、実直に根気よく付き合ってくれる担当者が必ず家探しには必要だということをお伝えしたい。

見学依頼の電話をしてからしばらく経った頃、「来週の土曜日、このあいだの広告の家を実際に見せてもらえることになりました」。担当者から見学のアポイントメントの返事がかかってきた。この電話をもらった時点では、正直あまりその町家には期待していなかった。なぜなら、実際に見に行った町家の多くが老朽化していて手の施しようがなかったり、逆に改修されすぎていて町家らしさがほとんどなくなっていたりする場合が多かったからだ。そのことに加えて、神戸での家探しをはじめており、めぼしい物件がいくつか見つかっていたことも筆者らの期待感を一層削ぐのであった。そんなこんなで、見学に向けて気持ちは決してはずんでいかなかったのだけれども、担当者さんへの義理というのがあり、とりあえず広告に出た家を見せてもらうことにしたのである。

約束の土曜日、実際に見学させてもらってから外に出ると、連れ合いは「どうだった」と訊いてきた。「うん、かなり良かった」と筆者が答えると、連れ合いも満足そうに「そうだね」と、うなずいている。期待していなかったからか、あるいは売り主さんの印象なのか、いや、おそらくはそれらを含めて家の持つ風格のようなものが好印象を与えてくれているのだった。たしかに、マイナスと思われる要因もなくはない。例えば、間口の狭さや電信柱が玄関脇にあること、建物が表に面した棟しかないことなどだ。しかし、全体に筆者らの要望をほとんど備えている家だと思えた。つまり「ピン」ときたのである。

五、改修前の家

ここでは、改修する前の自宅の様子について紹介していく。

玄関はサッシのドアであった。道に沿っている部分は平格子になっているのだが、そこは軽自動車の駐車スペースとなっているためか、格子が目立たないので町家としての表情に乏しい印象を受ける。

玄関に入ってみるとそこには広い空間が広がっていた。このスペースの左手には町家でよく見かける物置があり、靴や玄関まわりのものが収納できるようになっている。玄関からは奥のスペースへ向かい通り庭が続いていく。通り庭に沿って前室、中部屋、そして床の間のある奥の部屋と三つの和室がある構造だ。いったん上がらせてもらい畳の上を歩かせてもらうと、足の裏からしっかりした反発が返ってくるので、基礎はまだしっかりしていると思えた。

奥の部屋にはさらに奥へと続く縁側があり、渡り廊下に沿って右手が庭、左手には洗面所やお風呂がある構造となっていた。この渡り廊下の部分は、売り主である奥さんが嫁いで来られた際に増築された部分であるとのことだ。めでたいことを契機として、家に手を加えて快適にしていく。晴《ハレ》と褻《ケ》、そんな積み重ねがあったからこそ、この家は一〇〇年以上の時をここで刻むことができてきたのだろう。

一階の部屋に戻る。中央にあたる部屋の襖を開けると、そこには階段があった。暗く、狭くそして急である、これこそ町家の階段だ。二階があることを遠慮しなくてはならない風潮があった時代の産物とでもよべるものにお目にかかることができた。襖が閉められていたら、階段があるなどとは到底思えない。町家の場合、階段の下に箱段とよばれる収納があったりするが、この家にはそういった設えはなかった。

図1　改修前の様子
右手は平格子、左奥に急峻な階段が見える。

手すりにつかまりながら階段を上がる。手すりもぐらつきなどなくしっかりしていて安心感があった。

階段を上がりきると、六畳くらいの部屋に出る。階段上部のスペースを利用して押し入れが設えられている。こういった物入れがそここにあるのは、一軒家ならではの魅力といえるだろう。暮らしていると、ものは増えていく。だから収納スペースはできるだけあるにこしたことはない。すぐに捨てられればいいのだけれど、何かに役立つかもしれないと思うと、その場で簡単に捨てられないものも多い。とくに昭和一桁世代に育てられた筆者は、ものが捨てられない。「何かに役立つかもしれない」ととっておいたものが再利用できたとき、少し良いことをしたような気になるものだ。そこで、手にしたものをいったん保存しておくスペースがどうしてもほしくなる。

階段を右手に進むと、明るく広い部屋へと出た。窓を通して、先ほどちらりと見えた灯籠や中庭の様子がジオラマっぽく見え、とりわけ庭中央部分に植わっている高い木が目に飛び込んできた。少しずつ目を遠くへと転じると、近所の家並み、さらにその奥には高層マンションがいくつか見える。南向きのため日差しが射し込み、あたたかで開放的な部屋である。この部屋は、おそらくもっとも居心地のよい部屋になるはずだ。

二階の北側へ行ってみる。突きあたりの部屋は表の通りに面している。この部屋の特徴は何といっても厨子二階になっているため天井が低いことだ。けれども窓にはサッシが嵌まっているので、少し近代的な感じを受ける。連れ合いは、「ここに虫籠窓を復元したいね」としきりにいっている。サッシの窓を開けて道を眺めてみる。厨子二階から通りを眺めるのは初めてのことだ。もちろん立ったまま眺めることはできないので、頭を天井にぶつけないように気をつけて窓のところに行き、膝をつく。昔も、往来をこうして眺めた人があったのだろうか、少しのあいだこの家の過ごしてきた時間に思いを馳せた。この家が過ごしてきた日々に耳を傾けていく。

厨子二階の部屋からさらに奥まったところにも部屋があった。そこは一段床が下がる構造になっていて、三畳ほどの広さがある。この部屋で目をひいたのは、窓ガラスだ。通り庭が見える位置に昭和レトロな窓ガラスが嵌まっている。昭和三〇年代から四〇年代頃までならどこにでもあったものだ。その当時なら珍しくも何ともないものだったのだけれど、気づけばいつしか懐かしさを感じさせてくれるもののひとつとなっている。「改修するなら、このガラスも再生してどこかに嵌めようね」と連れ合いとささやきあった。

図2　厨子二階の部屋の中から表通りの窓を見る

広い部屋あり、狭い部屋あり。一軒家は同じような部屋はあっても、同じ部屋がない。マンション暮らしが長い筆者には、そんなところも新鮮だ。一軒家に初めてうかがい案内してもらうと、たいてい迷路のように複雑に思える。このときもまさにそうで筆者にはこの家の構造は迷路のように複雑に入り組んでいるように思えたものだった。

一階に戻り、庭のほうに出てみた。

中庭には、先ほど二階から眺めた灯籠とつくばいなどがあり、和風の庭園が広がっていた。大小の石が上手に配置され、なかなか趣のある庭である。しかし、庭のちょうど真ん中あたりに一本大きな木がそびえている。はっきりいって、ひどく邪魔に感じられる。訊くと、杉の木で、ご主人が亡くなられてからは手入れができなくなっているとのことだった。申しわけないが、伐らせてもらうことになるだろう。

事実、この木のことは、後に筆者らが購入者となり工事を開始する頃、お隣の方が訪ねてこられ伐採を依頼されたことを覚えている。よほどご近所にも何らかの迷惑をおよぼしていたのだろう。庭木については何を植えようと構わないだろうが、手入れを怠ってはならない。筆者の実家でも隣家の木に関しては、迷惑を被っていることがある。虫がわかないようにもしなければならないし、その意味でも手入れができないほど大きくしてしまってはならないわけだ。

この庭に面した渡り廊下には、すでに紹介したようにお手洗い、洗面、風呂といった生活スペースが続いていた。そういえば、筆者が育った古い家にもお手洗いはいったん家を出た外にあったことを思い出す。昔は、肥えをお百姓さんに汲んでもらわなければならなかった。そのため、肥の桶が通っても大丈夫であるような構造に各家はなっていたのだろう。とはいえ、冬の寒い日の夜、トイレに行きたくなって目が覚めたときは本当に困った。行くのをやめたいのだけれど行かなくてはならず、布団のなかでかなりのあいだ逡巡する。最終的には起き出して、「ああ、寒い、なんでこんなに暗いの、お化けが出てきたらどうしよう」などと思いながら、大慌てで行くことになったものだ。現代の子どもたちに「トイレは怖かったのよ」などと話してもピンとこないだろうけれど、とにかくトイレは家の外、たいていは一番奥にあって怖いところだったのである。

中庭に面した廊下は床が木製でなかなか雰囲気がよい。そこから洗濯物が干せるようになっていた。素敵な庭に向かい洗濯物がなびいている。のどかで幸福感あふれる光景ではないか。土のない住まいにいた筆者には、うらやましいかぎりであった。

通り庭からはコンクリートの床が続き、裏庭へ出ることができた。裏庭には、物置小屋など、ご主人の仕事関係のものが雑然と置かれている。物置の右手もすべて庭で、そこにはバラや山椒などさまざまな植物が群生していた。庭があれば、気に入った植物を植えることもできるし、鉢植えも簡単につくれる。この裏庭はぐるりとトタンで仕切られていて、隣家との境界がはっきりしていた。隣家と境界のことで揉めることはないだろう。このこともこの家の購入を考えるとき、プラスと考えられた。境界が曖昧なため隣家と争いになることはかなりあると思う。筆者の実家も建て替えのときにそのことを体験した。誰しも揉めごとは起こしたくない、しかし、一軒家を持つと、隣家とは問題が起こりがちである。購入に際しては、土地の境界はきちんとしておくにこしたことはない。

図3　庭の灯籠
後ろには杉の木が見える。

図4　鉄製の釜

コンクリートの床には、鉄製のお釜が置かれていたりもした。昔はここで炊事されていたのだろうか。お釜を実際に使って炊くことはしないだろうが、意匠として残し再生するとおもしろいだろうなぁと思っていた。

通り庭の話をしよう。通り庭というのは、土間であり、町家には伝統的な構造としてあるものだ。この家のように南北に建てられている家には、東側に必ず設えられたものらしい。ここで、おくどさんとよばれた竈で火をおこし、炊事をしていたのだ。だから、この部分にはたいてい井戸もある。ここにも井戸があるのだが、残念ながら阪急電車が通ったときに涸れてしまったそうだ。井戸は涸れていても、井戸の釣瓶が残っていたりする。井戸もできれば復活させ、意匠もできるだけ残したい。そのほか木製の水屋や炊事にかかわるものが置かれていて、毎日の暮らしが色濃く漂ってくる。

炊事を土間ですることはどんな感じなのだろう。歳をとると居間と土間へ上がり下りすることが身体的に大変だと感じるものらしい。昨今町家をリノベーションして売りに出されている物件もほとんどが、通り庭の床を上げ、居間などと一緒にフラットな空間にしてしまうタイプが多い。筆者も履物を履いて炊事をしたことがないので、この時点では、通り庭の部分は床面を上げ、リビングと一体化させるつもりだった。

「歳をとってしまって、炊事にいちいち部屋から通り庭へ下りるのが大変なんですわ。それに庭も広すぎて手入れが大変です」と売り主さん。ご家族は三人で、もう少し手狭でもご子息の仕事場に便利なところへ移りたいというのが、家を手放す理由とのことだ。

家を手放される理由も、買わせてもらう立場の人間からすれば気にかかるところだ。そういう意味でもこの家は、合格だった。見学させてもらってから、思いのほか気に入ったので、とりあえずその旨を担当者に伝え返事を待つことになる。価格も広告に掲載されている金額なら何とかなりそうなものだった。

六、他県での物件探しから学んだこと

一方、筆者たちは他県で気になっていた物件も見て回ることにした。それほどこの時点では、京都に住むことをあきらめかけていたのである。

他県の物件も広告や住宅情報誌、インターネットを使い情報を得ていた。そして、これはと思ういくつかの物件を見て回る計画をたて、ある日実際に出かけてみた。ほとんどが中古住宅である。

中古住宅を購入する場合の利点は何だろう。すぐにでも三つくらいは、考えられる。ひとつ、すで

に建物が建っているから、自分たちの希望や条件にあっているかどうかを考えることができる。そのことで設計図から考えるよりも安心感が持てるだろう。ふたつ、改修しなければならないところを確認して、予算も概算で知ることができることもよいところだ。三つ、日当たりや風通し、交通量、商店街や近所の様子も見ることができる。だから、購入後の暮らしを具体的に思い描くことがたやすくできるわけだ。

筆者たちが実際に物件を見に行ったときは、たまたま雨の降る日であった。それでも時間をつくり交通費をかけて出かけるのだから、気になっている物件はすべて見て回る計画にした。最後の家を見る頃は、雨が降りしきるなか、日もとっぷり暮れてしまい心細さを感じる時間となっていた。

実際に現地に出向くなら、天候の悪い日に見に行くことを勧めたい。もちろん時間があるなら、天候の良いときにも出かけることや、時間帯も朝、昼、夕方、夜などいろいろ組み合わせて見学するのが良いだろう。すでに書いたような住まいとその周辺の雰囲気を知ることができるからだ。しかし、何ぶん仕事をしているとそんなに時間はつくれない。だから、最初に出かけるなら、晴天よりも曇天や雨の日などの比較的条件の悪いときがいい。

天候や時間帯が悪いなか見学すると、紙の情報では知り得なかったことをより多く知ることができる。例えば、駅から歩いて一〇分以内にある物件でも、決して通勤に便利とはいえない物件であることがわかったりする。家と駅との道が平坦であるとは限らない。雨の日はことさらで、濡れた路面を歩いていると滑りそうになる箇所や危険な曲がり角があるかどうかなども知ることができる。また、家自体は豪邸であるが、急な坂の途中に建てられているため立地や日当たり風通しといった諸条件が決して良いとはいえないことなどもわかる。車を持たない筆者たちは、徒歩で毎日通勤することを考えると、駅からの道のりがどういった状態にあるのかといったことはとても重要なことであるし、朝や夕方のラッシュの様子も知りたいところである。

他県での物件が当初の予想よりあまり良くないことがわかるにつれ、京都で見学したあの町家の存在が筆者たちの脳裏に日々拡大していった。どうしてももう一度見させてもらいたい、今度は購入することを前提に見学させてもらおうという思いが膨らんでいくのだった。そこで、担当者の方に連絡をとり再度見学に行く運びとなった。

再見学の日、「今日は実際に住むことを考えて、ゆっくりしっかり見学させてもらおう」と連れ合いとたしかめあい現場に赴いた。

各部屋の床の様子を注意して見るために、踏みしめる感じで歩いてみる。歩いてふわふわするような感じがすれば、おそらく床にも相当手を入れなければならないだろう。床だけではない、天井や瓦の様子も注意深く見て、現状について売り主さんから聞いておきたい。雨漏りがもっとも怖い。加えて、建具や立て付け、現状をできるだけ細かく見てくるつもりでいた。だから最初の見学はおよそ半時間の見学であったが、このときは一時間を優に超える見学となった。売り主さんに気になる点などを質問させてもらいながら、細部に気をつけて見学する。さて、二度目の見学が終わり筆者らはいっそうこの町家が気に入ったのだった。

なんといっても町家の趣が色濃く残っていることがいい。北側に玄関がある建物であるのもよい。北側が玄関であると、家人が一日の大半を過ごす居間などが南面にあることになるからだ。加えて立地が便利であるうえに、前道も一〇メートルを超える二車線道路である。一方通行の道が多い京都では珍しいといえる道幅である。これだけでも資産価値が急激に低くなる心配がいらないというものだ。それでいて、家の奥に進めば静かな空間が広がっていく。まさしくうなぎの寝床の利点か。日当たりと風通しも申し分ない。ついでに、防犯上も、玄関さえきちんと施錠しておけば、あとはそれほど気にしなくてもいいといわれ、気になっていた防犯面でもそれほどわずらわされないですみそうである。

難点は、東側の隣家が背の高い近代ビルであることくらいだろう。しかし、南面に庭が広がっているため閉塞感はまったく感じない。繁華街から歩いて一〇分以内の場所で、これだけの立地はそう望めない。

二度目の見学のときに筆者たち以外にも何組か見学された人たちがいて、そのうち一組が購入を希望しているということを知った。連れ合いはこのとき、売り主の方へいまの家を取り壊すのではなく、改修して住みたいと考えていることを伝えた。あとで知ったことだが、このひとことが決め手となり、筆者たちに譲っていただくことになったそうである。

売り主さんには、できるだけこちらの思いを伝えたりしてコミュニケーションをはかっていくことも、理想の家を手に入れるには大切なことだと学んだ。誰しも長年住み慣れた家を壊されるのは忍びない。できるだけ住みたいのだけれど事情があって手放されるのだ。そのあたりのことを理解しあえれば、結果としていい不動産売買が成立するのではないだろうか。売り主さんには筆者らの町家への思いなども知ってもらえ、好感を持っていただけたことが結果的に幸いした。

値段交渉に入り、ありがたいことにチラシにあった値段より少し安くしていただくこともできた。こんな交渉も、当然業者さんを通じて行うことになる。だから、信頼できる業者さんかどうかは家の購入では大きなポイントであると思うのだ。値段の交渉をする頃、季節はひとつ進んでいた。売り主さんの転居先が年を越さないと完成しないとのことで、明け渡しは年が明けてからということになった。筆者たちも家の明け渡しまでに、ローンを組まなくてはならない。家を持つための不慣れで大変な作業がはじまった。

七、筆者らの失敗談

七の一、業者選びの大切さ――信頼関係の構築

この物件に出会う半年ほど前に、筆者たちにはひとつ仮契約まですませた物件があった。その物件にまつわる話をここではしようと思う。本当は思い出したくもなく、非常に怖くもあり、ある意味腹立たしい経験だった。この本を手にしてくださる方がそのような不快な思いをせずに家を手に入れられることを祈って、敢えて書かせてもらうことにした。

家探しをはじめるにあたり最初に知り合った業者は、知人を通じて紹介され、創業者である父を継がれた二代目にあたる人物であった。二〇一〇年三月、京都市内のとあるホテルのロビーで初めて顔を合わせたのだが、仲介してくれた知人への信頼があったので、最初からその業者には無条件に信頼を寄せていたものである。また、ほかにもこの業者と筆者をつなぐ人間関係があることもわかり、さらに信頼感は深まっていった。

名刺交換の後、筆者らの希望を伝えた。ふたりとも仕事を持っているため、できるだけ交通の便がよい場所であってほしいこと、日当たりと立地のよい物件を広く紹介してほしいということである。また、年収の額をおおまかに伝え、どのくらいのローンを借りることが可能なのかも教えてほしいと

要望を出しておいた。

町家を探していると伝えたが、この業者は、更地に上物を建てると思っていたとのことで「準備してきたものがある」といいリストをひとつ渡された。リストは不動産業者しか手に入れることができないものらしく、そのリストを見て「めぼしい物件を探すように」、「そして見つかったら必ず自分に知らせるように」と続けて指示も出された。

そして、「町家を探すなら土地として売られている物件に古家ありと書かれているものを探すしかない」と続けられた。この時点では町家探しについてのノウハウは持ち合わせていないので、「いわれたとおりにするしかないなぁ」と思った。その後、車に乗り、この業者が筆者にあらかじめ見せるつもりであったという更地をいくつか見学する。それらはその業者の友人が持っている物件だということだった。そのときは何も思わずとりあえず見に行ったのだが、あとから考えると、それらの物件のうちのどこかを筆者らに買わせたかったのだろうと思えてくる。まず、更地を紹介し、家を建てさせる。家を建てるときにも知人の建築業者を紹介することになれば、紹介料もこの業者には入ることになるのだろう。

町家をリストから探すにはどうしたらいいのだろう。町家とは何を指すのかは、別の章を参照してもらうことにして、とにかく町家は古い、少なくとも戦前の建物である。だからこの業者もいっているように、中古物件として出ることはあまりなく、土地として売り出され「築不詳の古家付き」という文言で紹介されることが多い。次の手がかりは写真である。写真が掲載されていれば、外観でおよそ町家を特定できる。物件によっては、インターネットでそれらを見ることができるので、町家かどうかを確認できたのはありがたかった。

リストをもらった日から町家探しに明け暮れることとなった。リストで、町家らしき物件を探し、場所を確認する。町家に違いなくても、交通の便が悪いと通勤できないので断念せざるを得ないものもある。便利がよくて、日当たりや建物面積に問題がなく「いい」と思えるものになると、とても手の届かない金額であったりする。そんな物件のなかから「これは！」、と思う広告を見つけると、不動産業者に電話して、見学の段取りをつけてもらい、週末に物件を実際に見に行く。そんなことを繰り返していくことになった。

もうお気づきかもしれないが、この不動産業者は少し変だ。なぜ客である筆者ばかりが物件をリストから探さなくてはならないのだろうか。町家はたしかに市場に出にくいらしい。それにしてもだ。専門の業者ならさまざまなルートを使って情報を提供してくれてもよさそうではないか。

渡されたリストは、不動産業者しか手に入れることのできないとても貴重なものだと筆者は思っていた。けれども、実は売りに出されたもののあまり需要のない物件ばかりが載っているリストだということがあとになってわかったのである。買い手の立場になって、親身になり相談にのってくれる、そんな業者や担当者にめぐりあうことは実はそれほど簡単なことではない。

案内をされているうちに上京区、中京区、下京区、東山区あたりにある物件には、ひとりで見に行けるようになった。だいたい町名から位置もわかるようになったし、筆者が当時住んでいたところは三条通という極めて便利な場所にあったので、散歩がてら気楽に、場合によっては仕事帰りに見に行くことができるようになった。

リストを見てインターネットで位置を確認し、その物件の写真を見てみる。インターネットでそんなことができるのも、筆者には大きな発見で、情報化の時代になり便利になったことを実感することになった。

物件探しに戻ろう。入手した情報から町家にまちがいないと確信できたら、実際に足を運んでみる。期待に胸をはずませてその場所へ到着してみると、すでに取り壊しがはじまっていたり、あるいは取り壊されてしまっていて単なる更地になっていることもいく度か経験した。町家はいったん壊したら建てられない、京都の風土に合うように生み出され伝えられてきている工法、それにのっとり建てられている建造物だということに気づいてもらえないだろうか。そのことがあまりに軽く考えられているように思えてならない。

こんなふうに過ごしていると、京都のどこなら町家が比較的残っているか、どのあたりなら自分たちに手が届く物件がありそうかということが徐々にわかるようになってきた。

町家探しをはじめてあっという間に数週間経ち、連れ合いが仕事先から京都に帰ってきた。その日は、朝からリストとにらめっこ、これはという物件にマーカーを引いていく。昼間は実際に物件を探しに行く、夜はまたリストを見ていく。見に行って駄目だった物件には赤線を引いてリストから消していく。当初何も書かれていなかったリストは、いろいろな線やマーカーで無印のものは少なくなりつつあった。リストを眺めるたびに「町家に住むなんて無理なのではないだろうか」とあきらめムードになることが増えていく。それでも、「いつかは出会える」そう連れ合いとお互いを励ましあい、またリストとにらめっこを続けるのだった。

そんなとき、肝心の不動産業者からは「もう町家はないから、ほかの物件で決めてくれ」といわれてしまった。深い挫折感につつまれた。本当に町家はないのだろうか、町家に住むことは無理なのか、そんな声が胸のうちで大きくなっていく。

七の二、町家との出会いと別れ

ところが、それでもあきらめきれずにリストに目をやると、当時の住まいのすぐそばに町家らしい物件があることに気がついたのだった。ふたりですぐに見に行く。外はもうすっかり日が落ちて暗かったが、それは見たところ「かなりいける」物件だった。暗闇に浮かんでいる家の輪郭はまちがいなく町家である。その場ですぐに不動産業者に電話をかけ、できるなら翌日見学させてもらいたいとお願いする。次の日には連れ合いは京都を離れなければならないからだ。もどかしい思いばかりがせりあがってくるがあとは返事を待つばかりとなった。

こうして、不動産業者を通じて、見学の日取りがその翌日はかなわなかったものの一週間後に決められた。期待に胸が膨らみ、見学の日までの時間がいやに長く感じられる。連れ合いも一週間後にまた京都へと新幹線に乗ることになった。その当時、ふたりの胸のうちには、「やっと探していた家に出会えたのかもしれない」との熱いものがうずまいていた。

一週間後、結局はこの物件を入れて都合三つの物件を見せてもらうことになった。

最初に見たのは、御所近くの路地を入っていく物件。交通の便や筆者の当時の仕事場に近いことを考えると便利このうえない立地にある。しかし、路地奥にあるため、改修工事が困難を極めそうであることと、日当たりと風通しがいまひとつ望めないというマイナス要因があった。お茶室があるなど、しっとりとした和風の風情が随所にあるなかなか魅力的な物件であったが、改修を要する町家の物件では、実際の工事のことも念頭に置いておかねばならない。路地奥にあると工事は手間などが増す。

ふたつ目の物件は、市内からは車で一時間ほどかかる場所にある蔵付きの町家である。近くには詩仙堂という名勝がひかえており、閑静このうえない場所にあるものだった。見学に行くと近隣の家々も立派な門構えや塀で囲われていたりする、蔵なども見え隠れしているところであることがわかった。目指す物件へと少し坂を上ると冠木門《かぶきもん》が目にとびこんできた。さらに門をくぐると枯山水の庭がひかえていたのだった。左手には車が優に一〇台は置けるだろうという駐車スペースが広がり、近所の方に駐車場として貸しているとのことである。

　どっしりとした蔵付きの大型町家。母屋は町家の様式がしっかり残る外観である。連れ合いは一目惚れしてしまった。玄関もとてつもなく広い、部屋数も申し分ない。各部屋とも六畳以上の広さがあり、それぞれに収納スペースがたっぷりある。台所は、一階と二階にあり、それぞれ豪華なシステムキッチンが備えられていた。お風呂やトイレといった水回りも近代的な設備ですでにあるので、手入れをする必要はまったくないだろう。購入が叶い、引っ越しをすれば、その日からすぐにでも暮らしをスタートさせることができるわけで、改修費用がかからないのも大きな魅力だ。

　あえて難点をあげるなら、この家は、外観は町家なのだが、内装はすべて現代風に改修されてしまっていることである。便利で暮らしやすいといえばそれまでなのだが、連れ合いは、本来伝統的な建物と様式が残っている物件を望んでいたのだ。そんな連れ合いいわく、町家に帰ってきたはずなのに、「ただいま」と玄関を入った瞬間に現代のマンションに帰ってきた気分になるだろう、と。加えて、立地が悪い。車を持たない筆者らには、市内へ出るのに時間がかかる点はやはり考えどころだ。値段もかなりはるので、ローンが組めるかどうかが危ぶまれる。しかし、まわりの環境と蔵、冠木門、枯山水の庭といった風情はあまりにも魅力的であり、価格と通勤時間といったマイナス要因を秤にかけ、この後長期にわたり筆者たちを悩ませる物件となっていくのだった。

そして、三軒目。これが自宅のすぐ近くにある一週間前にリストで見つけた物件だ。外観は伝統的な町家である。しかし、この外観に反して家のなかは痛みが激しかった。玄関を入りまずその暗さに驚いた。町家は暗いのかもしれないが、あまりに暗い。この時点では、もう誰も住まわれておらず、空き家になっているものと思っていた。目が慣れてくると、通り庭に井戸や竈があることがわかった。しかし、井戸には覆いがあるわけでも意匠が凝らしてあるわけでもなく、単に足下にぽっかり穴が開いているというものだった。こんな井戸は初めて見た。穴は大きくはないものの足がうっかりはまってしまいそうで、非常に怖い。

通り庭を通ると裏庭が広がっている。さすがに外に出たので明るくなったが、そこで目に飛び込んできた光景は異様であった。なぜならそこには冷蔵庫、扇風機といった大型電化製品がいくつか放置されているのである。誰がこんな他人の家の中庭にものを捨てるのだろう、と腹立たしい。一方視線を建物に移すと、二階部分にブルーシートがかけてある。聞けば建物が傷んでいて雨が降りこむのを防ぐためとのことだった。ずいぶん手入れがされていない、かわいそうな家である。また、南側には鉄筋七階建てのビルが建っている。こうなると日当たりは庭の一番奥にあたる西側からしか期待できないということがわかった。

この国に住む人は南からの日当たりを異常に気にしすぎると聞いたことがあるが、異常といわれても、やはり湿度の高い盆地の京都では、日当たりと風通しは一番気になるポイントだ。

足元に気をつけながら屋内に戻り、部屋を見学させてもらう。畳や床は歩くとぺこんと下へ落ち込むような感触がある。階段の手すりも揺れ動いて手すりの用を果たしていない。二階も歩いている最中に床が抜けるのではという不安がつきまとうような感触である。でも、たしかに家の構造は町家である。二階は三部屋、一階はものが多くてよくはわからないがおそらく二階同様三部屋はあるだろうという佇まい。玄関からつながる土間の部分、台所スペース、とでもよぼうか、通り庭から中庭に関しては物置になっていて、広いのか狭いのかすらわからないありさまである。

見学がすみ、筆者は、これは論外だと思った。とりあえず、連れ合いとよく相談しなければならない。ところが、連れ合いは最後に見たこの物件も悪くはないというのだった。伝統的な様式が残っていること、自分らしい住まいへと手を加えることができるし、立地が非常によいというのがその理由だった。価格は割高だが、二番目の少し郊外にある家よりも、自分たちらしい家づくりができるかもしれないともいうのだ。

七の三、見学後、仮契約まで——焦りは禁物

不動産業者へ見学を終えてみてどう思っているかを電話で伝えた。業者も三番目の家がおもしろいという。ここからしばらく連れ合いと見学した物件について話し合う日々となったが、業者からはと

くに連絡がこないまま時は過ぎていった。

最終的に、一軒目の家は路地奥にあるため改修が困難だろうということで、候補からはずした。二軒目は価格が高いことと通勤に不便であることで断念した。そう、この時点で三番目に見た物件が最終候補となったのだ。まずは、再見学となった。このとき、連れ合いがひとりで見ることになったが、やはり痛みが相当ひどいことを再確認したということであった。それから中庭に放置されている電化製品の類は、何と持ち主自身が放っているらしく、工事までに撤去してもらうことなどを申し入れてきたとのことであった。そこから急に仮契約の話へと、具体的に購入に向けて事態は急展開していくことになる。

購入に向けて動くなか、この業者の横暴ぶりが目立つようになっていったと思う。実際に町家を探し見つけてきたのは、筆者たちだ。この業者は、「見つけ次第連絡をよこせ」というものの何をしてくれたわけでもないと感じるようになっていた。

具体的な購入金額について決める段階になりこの業者の横暴ぶりが増していく。業者から示された金額は二種類だった。ふたつの金額とも筆者たちの感覚からは高いという価格だった。しかし、業者は、「三条通にある物件ですので、気に入っているなら早く手をうたないとほかに先を越されますよ」とか「もう町家は出ません」、「これだけ探しても見つからないのですからあきらめてください」といったことをいい続けるのだ。そこで仕方がないとあきらめた感じが出てきたなか、提示されたのが前記の金額だった。

ある朝、業者がやってきて、出勤前の筆者に金額の書かれた用紙二枚を渡すのだった。両方の用紙に筆者の署名と捺印を押すようにという。その用紙を持って相手方の不動産業者と交渉するとのことである。「自分としては、当たり前だがふたつの金額のうち、安いほうの価格でいけると思っている。しかし、万が一もう少し高くなければ相手方がイエスといってくれない場合は、こちら（高いほうの金額が書かれた紙）を見せますから」といわれたのだった。ここで筆者がしっかりしていれば、「連れ合いに相談してからにしてください」とか「金額は高いと思うので、もっと安くしてもらえないか訊いてください」というべきだったのだが、なぜだか業者からの圧力のようなものにおされ、気がつけば署名、捺印してしまっていたのだった。

この頃のことを振り返ると、連れ合いとよく相談したいと思っているのに、それができなかったことが悔やまれる。それは、業者に急かされ続け、焦らされるという心理状態に常に追い込まれていたからだ。別のいい方をすれば、とにかく、「あの物件を手に入れたいならいうとおりにしなさい」という業者からの金縛りのような圧迫感にあっていた気がする。一方、いまだからいえるのだが、遠くにいる連れ合いをわずらわせることなく、ほしがっているのだからうまく購入できればいいだろうという思いが働いていたのも事実である。この経験からいえることは不動産を購入する場合、焦らないこと、よく考えること、相談しあうこと、できるだけ現地に足を運ぶことの四つが大事になってくることに思いいたる。

金額が書かれた二枚の用紙に署名した日の夜、業者から電話があり「安いほうの価格で相手方もよいということになり、まとまりました」との連絡があった。ある意味拍子抜けした感覚に陥った。価格というのは、購入者としてもっとも重要な事項である。業者とも話を重ね、詰めていき、最終的に納得してから決めるものではないのだろうか。とくに不動産である。一生をかけて取得するような金額の買い物ならばなおさらだ。ローンを組んで実際にお金を支払うのは筆者ではなく、連れ合いなのだ。その連れ合いの署名もないような用紙で決まっていいものだろうか。ふたりでゆっくり相談することもなく決めていいものなのだろうか。いや、そんなことは絶対にしてはいけない。

業者との関係性は、とても重要だ。時間をかけてこちらの意向が固まるまで待ってもらうことが何より優先されるべきである。繰り返しになるが価格はとくに肝心要のことなのだ。本当にいい物件でなかなか出会えないものに出会っていたとしたら、専門家としてある意味背中を押してもらうこともしてもらいたい。けれども、購入する側の意見もまったく聞かずに値段を決め、相談させる時間も十分に与えずに「決めました、喜んでください」と電話をもらっても、何を喜んでいいのだろうか。

連れ合いにことの顛末を話したところ、当然のことながら驚愕している。価格交渉を一度もしないうちに相手方と合意したことに納得がいかないのは当然である。しかし、筆者への思いやりから、とりあえず希望する物件に王手をかけたことになったということで、連れ合いは連れ合いで無理に自分を納得させていたようである。とりあえず、この時点では先に進むことになった。大きなローンをかかえることになるのに、本当はもっと連れ合いが納得する方法で進めるべきだったのである。絶対にこんなことで家を購入してはいけないと、いまでも猛省している。

話を進める。さて、金額が決まったので仮契約の段取りとなった。仮契約というのは、購入に向けて話し合いをし、一定の条件を確認したうえで、約束事を交わすことだ。買い手である筆者たちには、この家を買えるだけの資金がないので、銀行にローンを申し込むことになる。そういった双方の事情を説明し、条件を提示しあって家の譲渡についての契約を交わす。この物件の場合、特約条項がいくつかあった。そのうち一番肝心なことは、銀行がローンの審査を行い、資金を貸し付けてくれない場合は、契約は白紙撤回となるということである。通常、これをローン特約とよぶ。

この仮契約の場で、筆者らの担当業者がいった次のことばを読者はどう思われるだろうか。それは「買い手、売り手双方にとっていい値段になってよかった」というものだ。この業者は買い手である筆者たちのサイド、味方だと思っていたのに「売り手にとってもよかった」とはどういうことを指しているのだろうか。ひっかかりを覚えずにはいられなかった。まして、価格はこの業者が決めたことである。

業者への手数料は、売買価格の何パーセントと決められており、売買価格が高ければ、業者の懐に入る手数料も多くなるシステムになっている。この業者は、買い手である筆者たちのために、本当に親身になって相手方と交渉してくれたのだろうか。疑念がどんどんと膨らんでいった。さらに、この仮契約のときに、業者に求められるままに手数料の半額を現金で渡したのだった。あとで、銀行の方から、業者への手数料というのは通常はすべての手続きがすんでから支払う場合が多い、ということを聞いたのである。この業者に対する不信感は日を追うにつれて、夏の入道雲のごとく膨らんでいくのだった。

七の四、ローン特約——天の答えは？

仮とはいえ契約した。売り手の方全員ともお目にかかり、家の思い出話なども披露してもらう。家に残る古い書付もくださるそうで、町家の重みを感じることもできた。仮契約のあと、筆者らは業者に連れられ銀行に出向き、ローンの審査となった。銀行も業者が勧める地元のK銀行にお願いすることになった。筆者らは、貸してくれるならどの銀行でもよいので、不動産業者の勧めにしたがったまでである。業者とともに貸し付けのお願いに行き、物件の資料や、収入のわかる書類、住民票など、実に多くの必要書類を提出した。さらにできるだけ貸し付けてもらえるように、仕事の安定性や収入が確実であることなど、一生懸命に自分たちの信頼をアピールするようなトークを繰り広げたのだった。

その後も数度足を運び、お願いを重ねた。そして、待つこと数週間後、筆者たちが受け取った銀行からの返事は、予想外にも「ノー」、貸し付けできないというものだったのだ。

業者にローンが通らなかったことを連絡する。そして、当然のことながら仮契約は白紙に戻ることになるものと思われた。ところが、業者は筆者からの連絡に怒りを露わにし、銀行を罵倒することばを電話口で、大声で怒鳴りだしたのだった。

「K銀行に行ってきます。わしは長いことあの銀行と取引してきてるんや、こんなローンあかんなんていう話は、初めてや！」

「何度も行って、貸していただけるようにお願いしたんですよ」と、筆者。

「とにかく、何とかしますさかい……」

銀行から「ローンは無理だった」といわれ、何をどうするというのだろうか。連れ合いとは、「あのお家はほしいけれど、神さまがやめておきなさいとおっしゃっているんやね」、と話しながらあきらめようとしていた。実際、当初から気になっている日当たりや家の現状のひどさを考えると、天からの差配にしたがってもいいと筆者たちには思えてくる。それに加えて、これまでもこの業者の対応に少なからず不信感を募らせていたのだが、銀行の決定に罵声で怒りを露わにするこの態度はいかがなものであろう。この業者では安心して家探しはできない、不信感はまさに頂点に達したのだった。

そうこうしているうちに、業者からまた電話がかかってきた。「S銀行へ行きましょう、K銀行は貸してくれませんが、S銀行はオーケーといっています」というではないか。なぜ、また銀行へ出向き、気の遠くなるような書類の数々に署名捺印をしなければならないのだろう。そのほかにもたくさんの書類を準備したりしなければならないことまであるのに、時間にも限りはある。

「もう、銀行には行きません。ローンが通らなかったのですから、契約はなかったことにしてください」と答えた。すると、この業者は、「相手さん（売り手側）は、もう物件は売れたものと思い、別の家を買っています」だの、「たったひとつの銀行がローンを通さなかったから、契約を白紙にするなどといわずに、もうちょっと努力してください」とかいう始末なのだ。

売り手側がもう家は売れたものと思い、その資金をあてにして、別の不動産を購入した、そんなことをなぜ買い手側が斟酌しなければならないのだろうか。仮契約の特約条項は、筆者たちへの銀行からの融資が可能になってはじめて譲ってもらうという内容であったはずだ。

ここから、S銀行へ再度ローンの申し込みに行ってくれという催促の電話がしつこくかかってくることになった。どうして、契約が履行されないのか、相手側が売り急ぐ理由、またこちらの味方であるはずのこの業者がなぜ売り手側の事情を訴えてくるのか、不思議でならない。

ローン特約で契約は白紙撤回と思いきや、業者がしつこく契約続行をいってくる。その執拗さで不信感が膨らみ安心して眠ることもできなくなっていた。結局、知り合いの弁護士の方に相談することにした。筆者らのいい分はもっともとのことで、弁護士さんからの助言どおりに内容証明郵便を送ることにした。売り手側に、融資が受けられなかったこと、そのため契約は白紙に戻ることを直接通知することにしたのである。

数日後、業者から電話があり「なんであんなもの（内容証明郵便）を送ったんですか。まだ、話し合いの途中ですやん」といわれた。「特約条項にあるとおりローンが無理だった以上、私たちには資金がないのですから購入できないんです、あきらめるしか仕方がないでしょう」ということを繰り返し説明することになった。

本当に買い手側に添ってくれる業者なら、ここで、「次の物件を探しましょう」というような次に向けての提案がなされるのではないだろうか。せめて、そういったことがあれば、筆者たちのこの業者への不信感も少しは薄れたかもしれない。しかし、こうまでローンの通らなかった物件に固執するのはなぜなのか。その理由がまったくわからない。これでは、ますます不信感が増幅されていくばかりではないか。この業者が、どうしてあの物件を筆者たちに買わせようと躍起になったのか、その理由はいまもってわからない。

以上の経緯から、この業者、いやもっといってしまえば、不動産業といわれる業界全体に、不信感と怖いという感覚を持つようになってしまった。契約は非常に重要で、いかなる違反も許されないといっておきながら、自分たちでそれを破ろうとする。当事者の意見など蚊帳の外に置き去りにされたままだ。

仮契約が流れ、業者にさんざん嫌な目にあわされ、不信感と恐怖でもう家は持てないのではないかという悲しみに襲われる日々。そんなとき、同級生のひとりが伏見地区で手広く不動産をあつかっているることを思い出した。その人に相談してみようと思い立ったのである。

連れ合いに同級生の話をすると、なぜ最初からその人に依頼しなかったのかといわれてしまった。本当にそのとおりである。結果としてこの同級生が、筆者たちに理想の家を建ててくれることとなった。

ついでながら、先の不動産業者は、ある日、「わかりました、三条の家の話はなかったことにしましょう。手数料としていただいたお金も返します」と連絡してきた。筆者たちは、あの不動産業者が態度をこのように一八〇度変えたことも、同級生が何らかのかたちで働きかけてくれたのだと思い感謝している。とにかく、この業者からの手数料の返金がスムーズに運びだしたことが契機となったのか、そこからまるで霧が晴れたように物事が良い方向へと進みだしたのである。本当に不思議なことの連続であったと思う、感謝せずにはいられない。だから不動産を手に入れようと思ったら、並行して信頼できる業者を探すこともしなくてはならないということを読者の方には伝えておきたいのだ。

八、マンション探し

冒頭マンションを探していたことを紹介させてもらっている。ここでは少しだけマンション探しをしていて、奇異に感じたことを書かせてもらいたい。

近くにマンションが建設されることを知り、モデルルームに出向き担当の方とお話しした。当然、採光やら通風、景観のことなど、こちらの希望を伝える。具体的には、バルコニーやリビングが南側に面していること、三階以上であること、隣接する建物との関係で、できれば東側がよいといったようなことであった。

すると、担当者からは、号室や間取りの記入された部屋の配置図を見せられる。そして、返ってきた答えは、こちらの希望に添うような部屋はもうすでに売却が決まっているというものだった。残っているのは、誰が聞いても条件の良くなさそうな部屋ばかりだ。マンションはまだ地面を掘っている段階で影もかたちもないのに、もうすでに大方の売却が決まっている、果たしてそんなことがあるのだろうか。不思議で仕方がない。狐につままれたような気分になった。日本の景気はそれほどよくなく、失業率が高いことが報道されるような日々のなか、まだ建築もされていない段階で、そんなに需要があるなどと信じられないではないか。重ねて「この南側のお部屋は全部売れているのですか」と訊く。すると、「もう売れてしまっていて、案内できるのは先ほどの部屋しかありません」との答えが返ってきたのである。

せっかくマンションを購入するなら、自分たちの条件に合った、納得できる部屋を買いたい。採光を譲歩してまで、数千万円もする物件を手に入れることに納得できるはずがない。まだ基礎工事の段階で条件の良い部屋はすべて売れているなんて、がっかりではないか。

そんなことがあってから数日後、近所の不動産会社に買い物のついでに立ち寄った。何気なく、今月号の広告を手にしたところ、先日購入したいと思い訪れたあのマンションの広告が載っているではないか。南側で三階以上の部屋が五部屋も載っていて、販売されている。先日「もう売れてしまっている」と担当者がいっていたあのことばは何だったのであろうか。果てしなく疑問が広がっていく。

知人にこの話をしたところ、「当然です。条件が比較的悪いと思われる部屋から先に売るものです。条件のよい部屋は、売れ残ることはないですから」といわれた。マンション販売がすべてこのようなものだとは思いたくないが、数件あたったマンションのうち、筆者は同じようなことをほかにも体験した。ちなみに京都のマンションは、建築がはじまると同時に販売されるそうで、できあがったときには、すべてオーナーが決まっているのが当たり前だとも聞いた。いまもって信じられない思いでいる。

これをお読みのみなさんは、こんな業者の横暴を許していていいと思われるだろうか。いつからこの国では、こんなに人を馬鹿にした商法が行われるようになったのだろう。これをお読みの不動産関係の業者のみなさん、どうか顧客を大切にしてもらいたい。人は支え合って生きている。目の前の利益だけしか見ないようなことで、たった一度の人生を送っていいのですか、とここに問いたい。

第三部　二〇一〇　町家に暮らしてみて

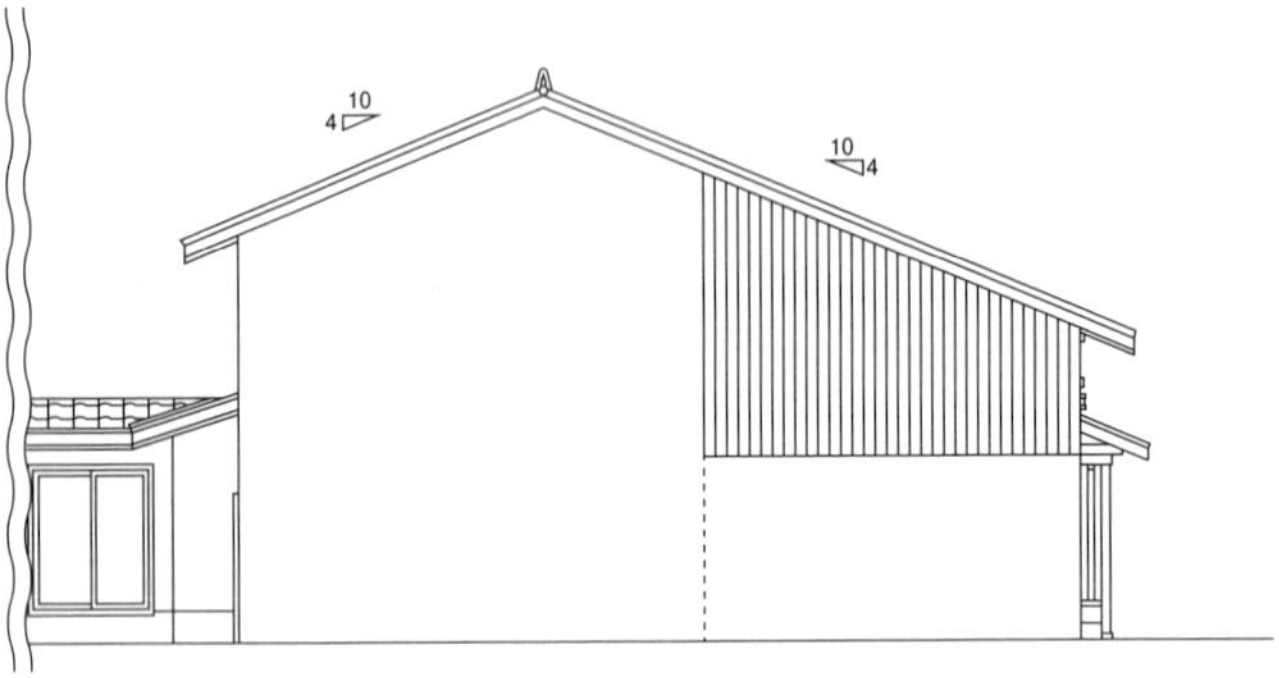

改修後の「京都じゃっかどふに」東立面図
厨子二階の天井は北（出格子）側へいくほど低くなっている。

一、「京都じゃっかどふに」という名前の由来

念願の家に入居することができた。振り返れば家を探しはじめて三年という月日が経っている。家探しは、もともと連れ合いが持っている一万冊を超える蔵書をきちんと保管したいというのが出発点だった。三年もの月日が経ったのには理由がある。「京都に住むなら町家に住みたい。一〇〇年以上も建っているのだから、手を入れればこれからだって一〇〇年住むことができるはずさ」連れ合いがこういったからだ。

筆者らの家探しは、マンションから町家を探すことへと方向転換をした。しかし、町家探しは予想以上に困難だったのだ。こうして一年前後の月日をかけて探し出し、やっとめぐりあえたのが現在の住まいである。そんな思いも込めて家に名前をつけることにした、「京都じゃっかどふに」という。「じゃっかどふに」とは、ウィルタ語で「大切なものをしまっておくところ」という意味のことばだ。

ここでは、「京都じゃっかどふに」ができあがっていく過程をお話ししたい。

まずは「京都じゃっかどふに」という名前をめぐるお話。ウィルタ語とは、当然ながらウィルタ族の人たちのことばである。この国にいるいくつかの先住民である一民族である。連れ合いが代表で、筆者も協力者のひとりになり、「先住民アイヌの立ち位置と日本『内地』の研究――台湾先住民、パ

ラオ先住民との比較研究――」という研究を二〇〇九年から行ってきている。その研究のために訪れた北海道の地でひとりの素敵な語り部と出会うことができた。弦巻宏史氏という。氏は、ウィルタ族の伝統文化を伝えるべく、網走に「ジャッカドフニ」という民族資料館を設立、運営に長年あたられてきていた。しかし、残念なことに氏の健康上の理由などから、二〇一〇年に閉館することとなった。二〇一〇年三月、北海道に弦巻氏を再びお訪ねした。氏は、前日膝丈くらいまでの雪をかいて、「ジャッカドフニ」の入口が開けられるようにしておいてくださった。中には、ウィルタ民族だけではなくニブフ民族とよばれる人たちに関する資料などもあり、それぞれの暮らしの様子を伝える道具、衣服などが展示されている。まさにそこは「大切なものをしまってある場所」であった。

気になるのは「ジャッカドフニ」閉館後、それらの資料がどうなるかということである。幸い保管されてきた貴重な資料の数々は、同じく網走にある北海道立民族博物館に移管保存されることになったと聞いている。「ジャッカドフニ」を案内してもらいながら、弦巻氏に筆者らの町家保存への思いもお話しした。すると氏は、筆者らに「京都じゃっかどふに」という名前を贈ってくださったのである。

大切なものに名前をつける。「京都じゃっかどふに」これ以上の名前はないだろう。名前をつける、それだけのことで、愛着が深くなる。最近、筆者はまわりのものに名前をつけて慈しむことが多くなった。

二、「京都じゃっかどふに」のコンセプト

家づくり、それも初めてのこととなると、何からはじめるといいのかわからないことも多い。ここではそんなことをお話ししたい。

連れ合いは自分の住まいに明確なイメージを持っていた。「一階はギャラリー風にして、見せるスペースに、二階はプライベートな空間に」というものである。そうすると非日常を楽しむ空間が演出できる。

建築家の方と初めて会ったときに訊かれた質問は、「どんな家にしたいですか」だった。その質問に連れ合いは、右のことばを即答したのだ。

家を建てるにはコンセプトが必要だ。一生に一度あるかどうかの家づくり、自分のあるいは家族の思いは何なのか、さらに、その抱いている思いをどのように実現していくのか。家づくりはそれらの思いをかたちにつくりあげていく過程だといえるかもしれない。さらにかなりの時間と資金を要することになるから、できるだけ家づくりは楽しみながら進めてみたいものではないか。

楽しむために、基盤になるコンセプトから出発して、具体的なアイディアを積み重ねていくのはどうだろう。だから、もし「どんな家にしたいのか」という問いに答えが見つからないなら、本を読む

ことやほかの家を実際に見に行くことをお勧めする。道を歩いていて外観からだけでも「あんなふうな玄関にしたい」、「あの門扉がいいな」といったことを一つひとつ積み上げていくのがいいと思う。一方で家づくりにまつわる本をひもといてみる。まずは自分の住みたい理想像を描いてみなければはじまらない。急がず、時間をかけること、一生に一度あるかどうかのことなのだから、焦らないことをお勧めする。

連れ合いは、家を建てるにあたり一〇〇冊前後の本を読み、自分の家に対する思いを具体化していった。それは階段を一段一段上るがごとくであり、書籍から着想を得てさまざまな提案もしていった。それらはすべて、自分の思いを実現したいという気持ちがあったからこそできたことである。自分の思いを実現するのだから手間暇を惜しむことはなかったといえる。

提案のうち、建築家の方から「いいアイディアですね」といってもらえて実際に採用となることもいくつかあった。そんなときは嬉しくてふたりでガッツポーズをしたこともあったものだ。いま、「京都じゃっかどふに」の居間でこの原稿を書いているとそんなことが鮮明に思い出されていく。

さて、「一階はギャラリー風にして見せる空間に、二階は住むための空間に」というコンセプトの実現はどのようにしたかをここからお話ししよう。

まずはひとつの屋根の下にふたつの家がある住まいという考え方を採用したことにはじまるだろう。「京都じゃっかどふに」は京町家としては決して大きい部類に入る家とはいえない。けれどもそ

図1　前室から見たリビングとダイニング（右手壁はすべて書棚）

の限られた空間に創意と工夫をすることで、自分たちの理想の住まいを実現できたと思っている。連れ合いが明示したプライベート空間とそれ以外を明確に分けるというコンセプトが基礎になり、人に見せることを意識してつくった部屋と人には見せない場所、そんなふたつの空間が玄関でひとつにつながるという基本構造ができあがっていったのだった。それは実際に住みはじめると実に住み心地のよさをもたらしてくれていることに気づく。

そんなわけで一階には壁面全部に書棚が設えられている。前室を除くダイニングとリビングの二間続きの部屋にはもちろん、そこから増築した書庫へと続く渡り廊下部分にまで、壁一面に本棚を作り付けてもらった。建物の西側の壁に床から天井まで書棚がつくられて完成したとき、そこにはギャラリーが出現していたのである。当時、ご近所の方からは、「何のギャラリーをしはりますの」と訊かれたこともある。

入居して棚に本を置いていくとき、筆者らの心には大切なものを自分のすぐそばに置いておけることの喜びがひたひたと打ち寄せてきたのだった。そんな喜びは本をしまったそのときから、毎日眺めるたびに続いている。本をいつも眺めることが叶ったこと、必要なときにすぐに手にすることができるとき、そして、本と一緒に毎日食事をいただけるようになったのだ。

家が年代を経ているからか家具が新しいと浮いてしまいがちだ。というわけで、家具はアンティークを置こうと考えるようになっていった。改修中にふと出かけた散歩道で、日本のアンティーク家具をあつかう店に出会った。明治、大正、昭和、その店に置かれている一つひとつのものはそれぞれの個性を持ち歴史を語りかけてくれる。その日から、その店に毎日通わないではいられなくなり、アンティークとよばれるものたちに次第にひかれていくようになったのだ。

気がつくとアンティーク関連の書籍が手元に増えていく。連れ合いの持つ独特の嗅覚で読むべきアンティークの本が集められていくのだった。少し知識があるようになると、それだけで、古いものと出会ったときに、それらのものの表情が深くなるものだ。また、そうした品をあつかわれているお店の方たちからも知識を分けてもらいながら、アンティークの森の中へ少しずつ踏み込んでいくこととなったのである。

今はインターネットも使える時代だから、ネットの世界でアンティーク家具を探すこともできる。なかにはそのまま購入する人もいるようだけれど、筆者らにはできないことだ。家具となるとある程度の出費となる。だから実物を見ないで購入することなどできないことなのだった。だからネットで知った気になる家具は実際に見に行くこととなる。こうして地元のアンティークショップからはじまったアンティークを求める筆者らの旅は関西圏へ、やがて東は東京へ、西は福岡へと徐々にその距離を延ばしていった。

こんなふうに旅もしながら「京都じゃっかどふに」にある家具たちと食器たちなどを買いそろえていった。いつか一緒に暮らす日を夢に見ながら。ただし、さすがに海を渡ったところにある品々は、実際に見に行くことはしなかったし、できなかった。「京都じゃっかどふに」で一緒に暮らしているものを紹介してくれた店については、本文の後ろで連絡先を掲載させていただいている。いずれの店も出会いからいままで、品物をやりとりするだけではなく、筆者らにアンティークの魅力や歴史、それらが育まれてきた文化といったことを教えてくれたところばかりである。

最初に購入したのは、リビングを飾るキャビネット(図2)。イギリス製で一九〇〇年(年代は購入店から説明を受けたもの、以下すべて同様である)に作成されたものとのこと。マホガニーがふんだんに使われているため落ち着いた風合いがあり、西洋のキャビネットは大振りのものが多いなか、これは小ぶりであったことも幸いだった。圧迫感なく置けて、収納力、機能性も申し分ない。

一目惚れしてしまったのは、その彫刻のかわいらしさであった。アカンサスの葉のモチーフや〝チューダー家のバラ〟とよばれる花のモチーフ、ホタテ貝をアレンジしたのであろう透かしの施しなど、隅々まで彫刻が行き届いている。当時の家具職人たちの技術力と自然をとらえる力に驚かない

図2　リビングのキャビネット

ではいられない。

筆者のお気に入りは前面に彫られている小さな花々である。花の少ない季節でもこのキャビネットのところに行けば、いつもかわいらしい花が満開だ。英国はイングリッシュローズに代表されるが、本当に植物に寄せる関心が強い。そこここに花があり、木が植えられている。一年を通じて花に出会わない季節がない。各住戸にもたいてい前庭と裏庭があり、芝生が植えられ、住む人の好みに合わせた花々で飾られている。筆者がお世話になったホストマザーは、「老後はこの家のような素敵な庭をつくりながら暮らすことが夢なのよ」と、ある日、散歩しながら教えてくれた。その家の前庭は決して広くはないのだけれど、花の組み合わせと鉢やモニュメントを利用した見せ方にセンスが光っていた。眺めていると物語をきくような気分になる庭であったことを覚えている。英国の人たちの植物好きは家だけではなく、道にもあらわれている。道路には街路樹が植えられ、木と木のあいだにはいつしか人が通ることで道になったと思わせる小道がたくさんある。冒険心にかられ、たまにそんな小道を歩いてみた。どこに行きつくのかわからないけれど、木々に囲まれ散歩がいつでも楽しめる誘惑があったのだ。英国に住まう人たちへの緑への関心は本当に深い。

キャビネットの話に戻ろう。花々の彫刻で飾られた木枠の中央部分には、愛らしい形状のミラーが嵌められている。ミラーもアンティークには個性があるが、キャビネットに嵌められているミラーとなるとかたちのかわいらしさだけでなく、そのことで奥行きが出せるという機能も計算されているのだろう。

これだけのキャビネットだから、彼女専用の照明も用意した。おそらく同年代につくられたであろうウォールライトがそれだ。もとはガス燈だったので、上向きに取り付けてもらうことにした。色はクランベリー色の濃い目。キャビネットの購入を決めたときから、上部にはピンク色のウォールライトを取り付けたいと決めていたので、配線を壁の内側に入れてもらうように工事をお願いした。こうして構想どおりの空間をつくれた。ウォールライトをともすと漆喰の壁に光が拡散していき、ガス燈に刻まれている文様が映り込んでいく。

さらにキャビネットの前面、つまりリビングの中央部分には、一九二〇年代イギリス製のクランベリーオパールセントシャンデリアを吊るしている（図3）。クランベリーというのは、果実を想像していただければわかりやすいのだけれど、ピンク色のことだ。こちらの色は、実際のフルーツよりももう少し淡い色といえるだろう。これらのランプがつくられていた時代、クランベリー色をつくり出すには金を用いなければならず、そのため灯りのなかではこの色のランプ類は値がはることになっている。オパールセントというのは、ガラスがクリアに透けているのではなくて、乳白色だと思っていただければいい。淡いピンク色で透けていないガラスが三つついている灯りである。購入後、三燈の色が微妙に違っていることに気がついた。濃いものと薄いのと中間の色という具合。そんなところに、手づくりならではの時代を感じないではいられない。

このシャンデリアは、最初に出会ったときからずっと忘れられない灯りだった。けれども何かと出費の重なる時期、ほしいといい出せずにいた。入居して一年が過ぎた頃、連れ合いが、「リビングの灯りがどうも雰囲気に合っていないと思う。前に見たピンク色のシャンデリアがあったよね、あれがとてもここには合うと思うのだけれど、どう思う?」と聞いてくれ、連れ合いも筆者と同じように思っていたのだと知り、さっそくお店へと急いだ。すると幸いにもいまだ売れずに残っていたのである。まるで筆者らを待っていてくれたかのように。

図3　クランベリーのシャンデリア

シャンデリアの灯りをともすと、一部はキャビネットのミラーにも取り込まれていく。すると、キャビネット前面に置いてあるジャグやグラス類が浮かびあがってくる。視線を床に転じると、丸い輪の重なりができ、光の舞踏会が出現する。町家の暗さのおかげで灯りのあたたかみや微妙な光のゆらめきに気づかせてもらえた。

リビングにはキャビネットのほかに家具としてはデスクがふたつある。全体に素晴らしい彫刻がされているフランス製のもの、小ぶりなのできっと子供用のものだったのだろうと連れ合いはいっている（図4）。これもキャビネットを購入した店で出会ったもののひとつであるが、一目で気に入ってしまった。筆者用というよりは連れ合いにぜひ使ってほしいと思えるものであった。紹介したところ案の定、お気に入りとなりすぐに購入となった。あとひとつは、レディースデスク。机上の左手には本やノートを数冊入れられるように縦長のボックス、右手にはロールアップの木製蓋つき筆記用具スペースがついている。そんなところがいかにも女性用だと思わせてくれるデスクである。こちらは、先のデスクを紹介したお礼にと、連れ合いが筆者のために探し出してくれたものだ。どちらのデスクも小ぶりだが、本を読むにはちょうどいい。

リビングの隣になるダイニングには、一九一〇年代作、イギリスエドワーディアンインレイド・ステンドグラスショーケースキャビネットを置いている（図5）。このキャビネットの特徴はなんといっても全体のフォルムと象嵌技術、扉に嵌め込まれてい

図4　リビングのデスク

図5　ステンドグラスショーケース

るステンドグラスだ。

エドワーディアンというのは、エドワード朝（エドワード七世の治世）一九〇一～一九一〇年のわずかな時代につくられたものを指しており、かなり珍しいものだということだ。インレイドというのは、象嵌のことで、このキャビネットの中央部分には、ミュシャのポスターを思わせる見事な文様が施されている。さらに左右のガラスの部分には、グリーンの濃淡で花びらを思わせるものと、ブルー色で葉っぱを象ったもの、淡い紫色の植物を連想させるステンドグラスがシンメトリーに嵌め込まれている。このキャビネットには、主にシルバーオーバーレイとよばれる食器類をしまっている。シルバーオーバーレイというのは、ガラス類に銀で模様をつける技法で、アメリカ先住民のひとつである民族が持っていた技術から生み出された道具たちである。アメリカにそのような伝統的技法があったことを知った。また、銀の食器となると、銀婚式と結びつけられるからか、25という数字が刻まれた皿類をたくさん見かける。オーダーした方たちの思いがこもった品々だと感じないではいられない。

ダイニングスペースにあるアンティークのものではあとひとつ紹介したいものがある。それは柱時計だ（図6）。昔、どこの町家にもあったといわれている丸いフォルムの振り子時計。町家の暗めの部屋ではこの振り子時計の枠を飾る金色が渋く光る。時計がほしいと思いながらいくつかのアンティークショップを回って探していた。そんななか、筆者らにアンティークの味を教えてくれることになったあの和骨董のお店で出会った。古いものなので、調整が微妙とのことである。

勝手に動いたりしないから、毎日手入れをしなければならない。こういうととても面倒なもののように聞こえるが、実際は振り子の音を聞きながら、ゼンマイの調子を思い測っていく。振り子の刻む「カチ、カチ」という音は、まさに「京都じゃっかどふに」の鼓動だ。カチカチという振り子の音は、よく聞いていると徐々に強くなって、またかだんだん弱くなる。この周期が私宅のものは八拍子。

図6　柱時計

時報の音の速度を聞きながら時計の状態を知る、間隔が緩慢になってきたらそろそろねじの巻き時だということである。こうして数日に一度ねじを巻いていく、あまり何度も巻いてしまうと時計は調子を悪くする。たくさん巻きすぎたり、巻きが足りなかったり、時計の機嫌をうかがうごとく。暮らして三年を迎える今日この頃は、その微妙な調整具合を連れ合いは完全にマスターしてしまっている。筆者は残念ながらマスターするにいたっていない。そんな昔のものと暮らしていくことで、この時計がつくられた時に思いを馳せる。一体これまでに何人の人たちがこの時計のねじを巻いてきたのだろう。

三、再生の素晴らしさ

家を建てるにあたりほかに決めていたことのふたつ目は、できるだけ元の家にあるものは再生して利用するということだ。そのことも含めて伝統的な町家の趣をできるだけ残し、あわせてもったいない精神を発揮することにした。しかし、伝統を守るとしてもやはり現代に合わせた暮らしやすさも大切にしたい。つまりいくら何でも炊事するのに竈に火をくべることからはじめるようなことは無理である。そこで、一〇〇年以上の時を刻んできた骨格はしっかりと残しながら、いくつかの大きな改修も辞さずに行うこととなった。そうして、さらにこれからも一〇〇年生きることのできる家として再生できたと自負している。

大きな改修にあたるのは、まず階段の位置の変更である。伝統的な町家様式の残る家では、階段が見えない場所に設置されているものだ。二階はないように見せかけることが重要だった時代の名残り。そのため、階段は狭くて急であることが多く、たいてい襖で隠すようにして設えられている。昔は暮らしのなかに遠慮の文化が色濃く根づいていたのだろう。

筆者らが購入した家も階段はそのような構造になっていた（図7）。家の中でもっとも危険なところは、階段だということを耳にしたことがある。そこで、安全性と利便性から、階段は違う場所へ移設することにした。しかし、町家の構造をできるだけ残し、階段を移動させるというのは実はかなり難しいことでもあった。階段の位置を決めるまで、建築家の方からいくつかのプランを示してもらい、筆者らの希望も聞いてもらいながら相談を重ねていく。最終的に、玄関を入ってすぐの左手につくることに落ち着いた。

図7　改修前の階段
前面には襖があり見えないようになっていた。

図8　改修中の階段（移設後）

大きな改修にあたるのは、この階段の移設以外に、屋根を補強し雨漏りのないようにしたこと、断熱材を入れたこと、床にコンクリートで模擬的な「基礎」をつくったことなどである。実は、この「基礎」という概念は、一九五〇年の「建築基準法」以来の工法で一般化したもので、それ以前の民家（町家、農家）などでは、このようなものはなかった。おそらく、ここが現代の建築基準でいうところの、町家の「欠点」として数えあげられる。例えば降幡（二〇〇九）には「日本の昔の家は、基礎工事に不完全なところがあったため、後日沈下して水平・垂直を狂わせてしまうことが多かった」（五〇頁）とある。降幡氏は古民家を再生する際、いったん家をクレーンで持ち上げ、新築同様の基礎をしたりするようだ。この「基礎がない」あるいは「弱い」という欠点を補うべく、わが家ではコンクリートを流したということだ。これでは基礎とはなりえないので、かなり弱いことは疑うべくもないのだが、資金的な面と相談してこういう結果となったのである。

図9　基礎

一方、町家らしさを極力残すようにした部分は、以下のようなことがあげられるだろう。まずは、京町家の柱は細めで梁が太い。そこで天井をめくり梁が出てきた部分は、あえて梁が見えるようにした。太い梁を隠しておくのはもったいない。意匠として眺めるのに値する。次に元の家で使われていた材は、できるだけ再生し利用したことがある。建築家の手を借りて扉や戸のサイズを測り、場所を移すなどしてもできるだけ再利用した。建具も洗いにかけ補修をし、活かせるものはできるだけ活用するようにした。再生してみると元の家にあったものたちだけに、そこここにぴたりと収まる建具がたくさんあることに気づくこととなった。当初、工事関係者の方は、建具類はすべて新調するものと考えていたようだったが、できるだけ再生して活用するようにお願いしたところ、それらの新しい建材はほとんど不要となり、その結果コストも抑えられ予算に余裕が生じることとなった。また、家全体を再生するなかで建具が新しいものだったとしたら、きっとちぐはぐな感じになっていたのではないだろうか。

とりはずした古い建具を見た建具屋さんが、「いいものですね」と何度もいっていたのを思い出す。古い木材は本当にいい、長い年月磨かれ、家とともに風雪に耐えてきたものたちだから味わいがある。

壁はできるだけ漆喰にした。降幡（前掲）は、漆喰の魅力を以下のように語る。

広く目を向けると日本のお寺でもお城でも、白壁がどんなに建物を活き活きとさせ風景を美しくしているか知れない。／この白壁が「漆喰」という壁であり、主原料は消石灰、糊、すさである。また糊の代わりに白土や黄土を入れる「大津みがき壁」「土佐漆喰」と言われるものもある。漆喰壁の特徴は、古くなっても魅力を失わないところにある。むしろ建物が古くなり、木材が黒くなることによって、白壁ともども風格が備わりその美しさが際立つことになるのである。これは、耐久力が優れていることによって初めて表現される美しさであろう。老化したものに、活き活きとした美しさはありえないからだ（八一－八二頁）。

漆喰はこのように日本の風土から生み出された素晴らしい壁材であり、自然のものだから、おかしな物質を排出する心配がない。美しいだけではなく、湿度の調整もしてくれるし、夏の暑さを遮蔽し、冬には寒さをふせいでくれる。柱を暗めの色で統一したので漆喰の白色とのコントラストは、家の内外を問わずモダンでシックに映る。家全体を考えるうえで、壁や柱といったことはベーシックな部分である。だからこそ、素材や色にはこだわり、自分たちの思いをもって最初に考えておきたいところのひとつだ。

間仕切りには、障子を採用した。障子に関しても降幡(前掲)の意見を聞いていただきたい。

障子や襖は、見てわかるように細い木の桟で組んだ骨格に和紙を貼っただけで、壁に代わる建具として完成し、驚くべき日本の長い歴史を生き抜いて今日に至っている。それは強靭でしかも優美な和紙を漉く、日本独特の流し漉きが考案され、その技術が常に高められて特徴ある紙が全国各地で漉かれたからである。さらにその優れた和紙を巧みに生かす建具師や表具師たちによって、たゆまぬ努力が積み重ねられてきたからである(八四頁)。

障子を通して入ってくる日差しは、四季を通じて表情を変える。一日のなかでさえ、さまざまな表情を見せてくれるのだ。暮らしてみると改めてその優秀さに驚く。陽光を届けてくれるだけではなく温度や湿度の調整もやすやすとやってのける。障子と向き合っているとその機能性と美しさに心を奪われることがある。まず和紙は白くて丈夫だ。子どもの頃、暮れの大掃除で、障子が少し破けたところに、花弁のようなかたちに切った和紙を貼り、修繕したことを思い出したりする。「京都じゃっかどふに」にはまだ住んで日が浅いから、破れ障子の修繕はしていないけれど。

食卓からは居間の先に坪庭が見える。そこには雪見障子がある。雪見障子、名前からしてかわいらしい。障子を閉めたままでも部屋から外の風景を見ることができるようになっている建具である。なんと風流な趣を楽しめる工夫ではないか。昔の人たちは本当に自然を知り、それに親しみ、四季折々の風情を楽しむことに長けていたのだろう。「京都じゃっかどふに」の雪見障子は、上下二段に分かれていて、下側の障子が上がるタイプのものだ。障子を上げると、嵌め込まれているガラスを通して坪庭を眺めることができる。引っ越しをして二日目に雪が降った。雪の積もった坪庭の風情は、本当に「絵に描いた景色」そのものであったことをいまも鮮明に思いだすことができる。

今回改修にあたりお世話になった建具師さんから雪見障子のメカニズムを教えてもらった。障子を持ち上げたとき、どうして障子が落ちずにいるのか、思えば不思議なことだ。私宅のそれは、下側の障子の左右の枠の部分に本当に細い竹がしこまれている。竹というより竹ひごとするのがいいのかもしれない。竹はしなるので、持ち上げるとその部分がへこみ、上に落ち着いたところで、わずかに膨らむ。だから障子を上げたり下げたりがいとも簡単に行え、なおかつ上にとどまることができるというわけである。本当に小さな竹のなせるすごい技、先人の知恵に脱帽である（図10）。

町家がサッシを導入していくなかで、カーテンに場を譲ってきているが、障子を改めて見直してもらいたい。自然素材でできていることもあり、一年を通じて機能的で、こんなに日本家屋に合う建具はないと思う。冬場の結露、梅雨時のじめじめした感触、夏の油照りといわれる暑さからも距離を置いた住まいが実現できる。

図10　雪見障子のメカニズムと建具師さん

町家度を上げるために行ったそのほかの改修としては、通りに面した玄関部分を出格子とよばれる仕様にしたことがある。もとは平格子とよばれるものだったのを出格子にした（図11）。改修にあたり必要となる格子類ももちろん元の家にあった平格子を再生し、不足する部分だけを新たに作成してもらうようにした。格子ひとつでも再生すると伝統的様式が色濃く残り、家全体がしっくりと収まる。さらに、ここでも元の格子を再利用したからコストも抑えることができた。

通り庭とよばれる土間が町家にはある。この土間は、最近床を上げてリビングなどと一体化させる場合が多い。台所仕事をするのに、いちいち履物を履き、土間へ下りるのが大変だと考えられているからだろう。筆者も当初は、通り庭ではなく、床を上げてしまってキッチンとしてオールフラットなスペースにする予定だったが、最終的に土間として残した。そのことは、実際に暮らしてみると、便利だし、ある意味町家らしさをもっとも実感させてくれる部分になっている（図12）。

図11　玄関部分平格子から出格子への改修の様子

通り庭は実は魅力がいっぱいだ。しかし、住んでみるまでその魅力はなかなかわからないのかもしれない。連れ合いは、土間を残すことを勧めていたが、土間のキッチンで料理をすることが想像できずに逡巡していた。さて、明日からいよいよ工事に入るという前日、実際に町家に住んでいる知人に話をしたところ、「通り庭が値打ちなのに」といわれたのだ。「土間は、汚れたら床に水をまいて掃除をすればいい、手入れが楽で、清潔だ」とのこと、それを聞いて急遽気が変わったのだった。

工事はいったんストップとなり、プランを書きかえてもらうことになる。たくさんの人たちにこの時点で多大な迷惑をかけてしまった。けれども、このときの選択は正しかったと実際に暮らしているいまでは思わないではいられない。通り庭は、家の内側にあるのに、まるで外のように使える場所だ。庭部分が続いて家のなかにある。内であって内ではない、外であるのに外ではない、この感覚がなんともいえずおもしろい。靴のままでも、自転車を押してでも玄関から裏庭へ移動ができるし、泥のついたものを運ぶのも汚れることを気にしなくていい。

図12　改修後の通り庭の様子

通り庭には薪ストーブを設置したのだが、ストーブの設置にはこれ以上最適といえる空間はないだろう。まったく気にせず薪の運搬を行えるところなどそう簡単に見つかったりしない。裏庭に薪を運ぶときも、薪を持ってきて火をつけるときも木屑が落ちることをまったく気にしなくていいし、靴のまま作業ができる。掃除や手入れも本当に楽だ。水を撒いて洗い、そのまま放置すれば乾いていく。キッチンマットにお別れをした。

通り庭は残せたが、井戸は残せなかった。試しに掘ってもらったが、水が出るかどうか確証が持てないとのことだった。出るかどうか確証が持てないものに、それ以上の出費を覚悟することはできない。ご近所には、井戸水を使った豆腐などを商っている家がまだ数軒残っているから、期待していたのだけれど残念だったが仕方がない。不測の事態に備えて井戸水があると心強いのだけれど、できることにも限界がある。

実際に家が完成するまでに、そこでの暮らしをどれだけ具体的に思い描くことができるかは家づくりの鍵になる。しかし、これは簡単なことのようで案外難しいことなのかもしれない。ものづくりは、想像力が大切だ。何かをつくることというのは、想像力を創造力へと転換させていく過程といいかえられるのではないだろうか。

四、住まう人のための住まいの実現

コンセプトの三つ目は、「京都じゃっかどふに」には、日常使用しない部屋や空間が存在しないということだ。この部屋は何のための部屋と固定しない、そのほうが暮らしやすい。実は、これも本を読んだ連れ合いからの提案のひとつであった。年に何度あるかないかわからない来客のことを考えて、部屋をとっておくようなことはしなくていい。いわれてみれば、納得である。すべての部屋を必要に応じて使っていく、そのことも住みよさを筆者らに実感させてくれている。

一階をギャラリー風にして〝見せる〟ことを意識した反面、二階は思いっきりプライベートな空間にした。もっとも日当たりのいい南側は寝室。日当たりだけではなくて、風通し、静かさの三拍子がそろっている。窓を開けると眼下には増築した部分の屋根が見え、奥には庭ものぞめる。開放感がありながらプライバシーもきちんと保たれている部屋だ。

天井には大きな梁を見せ、白い和紙を貼った。梁の年代を経た黒い色が和紙に映える。天井を見上げるたびに「町家っていいなぁ」と思う。そこに現代風の暮らしの楽しみも持ち込んだ。それは、和紙の天井を利用したホームシアターをつくったこと。白い和紙はスクリーンになってくれ、布団に横になりながらＤＶＤ鑑賞ができるという寸法である。わざわざスクリーンを買う必要がなく、毎夜映画三昧の日々を送っている。

通りに面している二階の北側にある部屋は多目的室。勉強したり家事をしたり気楽に過ごす部屋にしている。道路に面しているので、外の様子が伝わってくる場所でもある。ここで作業をしていると、階段に近いこともあり、宅配便が届いたときや来客にも対応しやすい。デスクとなるカウンターを作り付けてもらい、そこはパソコンの定位置となった。だから連れ合いは一日の大半をここで過ごすことが多い。小型の冷蔵庫も置き、病気などで寝込んだ場合は籠城用の部屋にと考えていたのだけれど、ありがたいことに、引っ越しをしてからこの原稿を書いているいままで、この部屋で誰も籠城することなく過ごせている。

厨子二階なので、この部屋の天井は北へいくほど低くなるつくりになっている（136頁参照）。だから立ったままでは窓から外を見ることができない。たまに頭をごつんと梁にぶつけてしまうこともあるが、屋根に合わせて天井が低くなる、そんな高低差を楽しめる部屋だから、歩いているだけで少し童心に返り冒険気分を味わっていたりする。

この部屋の窓は、サッシから伝統的な虫籠窓へと改修した（図13）。外から家を眺めると一階の出格子とともに二階の虫籠窓に自然と目がいく。虫籠窓の前には、一文字瓦とともに鍾馗様にもいてもらうことにした、「京都じゃっかどふに」を守ってもらっている。昔ながらの意匠をふんだんに取り入れ、伝統的様式を通りから一目で見てとってもらえることだろう。

二階部分は窓ガラスが嵌められていた

虫籠窓の復元（外から）

虫籠窓へ改修

虫籠窓の復元（中から）

虫籠窓（拡大）

鍾馗さん

図13　虫籠窓の復元

二階のふたつの部屋は、廊下でつながっているのだがその廊下には畳を敷いた。こうすると室内用の履物、つまりスリッパ等がいらない。障子もそうだが、畳も優れた材だと改めて思う。マンションの普及とともに畳というか和室がどんどん姿を消していっているように感じているのだが、畳ほど五感を解放してくれる床はないのではないだろうか。いぐさの色、匂い、足から伝わってくる感触。そのまま全身を投げ出せば大自然に抱かれているような思いとなる。

廊下に畳を敷いたことで、奥にある和室と一体感を出すことができたし、冬の夜、お手洗いに起きてしまったときも畳敷きだと足が冷たくならないのでありがたい。夏は素足に畳の感触が気持ちよい。この廊下部分は一階からの吹き抜けになっているから、通り庭が見渡せる、その眺望もなかなかのものだ。天窓が近くに見え、正面には薪ストーブの煙突が漆喰の白を背景に圧倒的な存在感をアピールしている。眼下には通り庭が続く。この二階廊下からの眺めに感嘆の声をあげる人が多い。開放感もさることながら、家のなかで町家らしさが一目で伝わる空間なのだろう。

畳廊下の欄干にあたる部分には、もともとこの家にあった井戸のつるべを意匠として飾ってもらった。もうすでに紹介しているように改修前の家にあったものはできるだけ再生し、何らかのかたちで活かしたいと考えたことの一例で、何の意味もないことなのかもしれないが、二度と手に入れることができないものだと思うと容易に捨てることができなかったものを再生した一例である。通り庭から二階を見上げてもこのつるべがよく見える。いつの頃までこのつるべは、井戸の水を汲み上げていたのだろうか。この意匠がなかったとしたら、おそらくそこは穴がぽっかり空いたような空間になっていたことだろう。

二階の欄干は、冬には洗濯物干しになる。通り庭の薪ストーブからの熱気が煙突をつたい二階へと昇るから乾きにくい洗濯物が冬季でも気持ちよく乾いてくれる。ありがたさはそれだけではない。ストーブを焚くとあたたまるのはありがたいが、温度の上昇につれて乾燥が気になる。そこへ洗濯物を干すと適度な湿度も家全体に行き渡るようで、喉の渇きを気にすることなくすこぶる調子がいい。

図14　通り庭から二階をみたところ

畳廊下横には、納戸を設け、このスペースには、タンスをすべて置くことができた。工夫したことは、壁面にタンスを置いていく関係上、角にできるスペースに棚と帽子かけを作り付けてもらったことだ。部屋ができあがってからではつくれなかったので、最初に計画しておいてよかったことのひとつである。

階段を上がったところには、お手洗いがある。お手洗いはできるだけ寝室から近いところにあるのがいい。一階のお手洗いとくらべていくぶん小さなスペースになるが、小ぶりの洗面台も取り付けたので、帰宅後すぐに二階へ上がり、手洗いとうがいをすませることができる。暮らしてみると便利このうえないので、これもあらかじめ計画しておいてよかったことのひとつだ。

このお手洗いの扉には、元の家にあった小さなダイヤガラスを上部に嵌め込んでもらった。そんな小さなガラスでも誰かが使っていることを知らせてくれるし、外からの明かりが入ることでトイレ内が暗くならなくてすむ。閉め切られた空間が苦手なので、開口部をできるだけすべての部屋に作るようにこころがけていた。その結果、ガラスを多用することとなった。たった一枚のガラスでも再利用できたこと、いまでは懐かしい匂いのするガラスが残ったこと、そこに小さな喜びを感じている（図15）。

図15　お手洗いに再利用したダイヤガラス

町家といえば、中庭あるいは坪庭が似合う。「京都じゃっかどふに」もしかりである。居間やダイニングのある一階部分から、あるいは、新築した部分への渡り廊下から、そしてお風呂に入りながらも眺められるようになっている。灯籠やつくばいがあればどんなに小さなスペースでも、豊かな表情を持つ庭を演出できるから不思議だ。連れ合いの育った家には庭がまったくなかったそうで、坪庭はまさにあこがれのスペースの実現となっている。

灯籠とつくばいを譲ってもらえるのかどうか、家の売買の交渉時には、何度か確認させてもらったことを思い出す。すでに書いたが、引っ越しして数日後、降雪したこの庭の風景は、まるで絵に描いたような景色で思わず携帯電話で写メールして友人に送ってしまった。自分の家というより、どこかの和風旅館にいるような感覚に陥っていたわけである（図16）。

図16　降雪した坪庭

一階部分に話を移す。

玄関を入ると四畳半の和室、そこは伝統的な町家にある前室にあたる。改修前の家は、道に面して平格子があるタイプだったのだが、出格子にすることで、少しだけ空間が広がった。そこには、手紙を書く専用のデスクと小型のキャビネットを置いている。小さいながら床の間もあり、押し入れもある。お客さんが来られたら、とりあえずここでお迎えすることとなる場所である。

前室に続いて、食堂と居間にあたるフローリングスペースが広がる。食事や仕事など一日のなかで一番長い時間を過ごすところでもある。すでに紹介したように壁面いっぱいには作り付けの本棚があり、圧倒的な存在感を示している。アンティークでそろえた家具と照明に囲まれ、食事を楽しみ、読書に耽る。ふと疲れて目を移すと、坪庭が見え、キャビネットや風呂場の窓に嵌めたステンドグラスが彩りを添える。床は漆独特の艶で朝夕を問わず鈍く光を放っている。薄暗い町家の中だからこそ、感じることのできる光がそこに宿っていたりする。

増築した場所にもできるだけ元の家にあった材木や建具を再利用した。建具にはそれぞれ年代を経た傷などがあるからだろうか、元の家の建具を新築したところで再利用してみると、母屋部分と一貫性が生じてきて、しっくり感が出る。いわば、新しいのに懐かしい空間が出現していく。

階段下のスペースは、靴やキャリーケースをしまえる収納として活用している。靴を効率よくしまえるように高さを考えて内部には棚を設えてもらっておいた。手前部分の空間には、外から帰ってすぐにキャリーケースをころがしながらしまえる。玄関から土間が続いているからこんなことも可能になるのだろう。この収納スペース部分の扉ももちろん元の家にあった建具を再利用し、取り付けてもらった。

家を建てるときには、コンセプトや夢、こだわりといったものも大切だ。コンセプトや夢を大事にしていけば、それらを土台に具体的に何が必要で、どのように配置していくのかはおのずと決まってくる。連れ合いが最初に家のコンセプトを明確にしてくれたからこそ、最後までぶれずに工事が進み、結果として非常に満足な家づくりができたと思っている。

次に、各部屋の利用方法を定めていき、そこに何を置くのかを決めてみる。さらには置きたいものをどのように置くのがいいのかと考えていくと、工事のときにしてもらっておくことが見えてくるだろう。「とりあえず棚をつくってほしい」という筆者らの申し出に、「何のための棚なのか、はっきりしないでつくるのは勧めない」と断られた。目的がなくつくってしまうと、あとでかえって邪魔になることがあったといまでは思える。

こうして改修でよみがえった家を「元の家を若返らせるのではなくて洒脱な老人にしてあげるんだ」と、連れ合いは降幡氏（前出）の言葉をもらいいうのだった。山本（二〇〇三）は、町家についてこんなことをいっている。

京都の町家は、もっと生身の、ひとさまの生きざまを包み込んで呼吸している空間です。木造建築という特性上、年月が経てば足腰も弱るし、腐りもする。養生せんと放っといたら倒れる運命にあります。／古い町家を見て歩いてたら、格子が擦り減るほど丸うなってるのがありますけど、あれなんかは毎日毎日、奥さんが誰かがそうきんがけをして磨き込まはった証しです。持家に対する深い愛情とかいうんやのうて、そこに住まわしてもろうてる自分たち家族の者が今日も一日元気に頑張らしてもらおう、いう磨き手のこころの現れです（一六－一七頁）。

筆者らもこんなふうにして、「京都じゃっかどふに」と時を刻んでいきたいものだ。

五、町家の暗さとのおつきあい

町家の短所とよくいわれる、寒い、暗いということを克服するのではなくて、それを楽しむという発想に転換させたことをここから紹介したい。

まずは、暗さだ。これについては、例えば、多様な照明器具を用いることで、楽しみに変えている。町家の移りゆく陰影を楽しむ空間を演出するようにしているつもり。壁は漆喰なので光が映り込む、さらに部屋全体の色数を極力抑えた。こうすると落ち着いた空間ができる。照明については、あとで詳しくお話ししたい。

家の明るさというのは、果たしてどの程度がいいといえるのだろうか。町家で暮らしてみると、町家はできるだけ自然の明かりを取り入れる工夫がされているということに気づかされる。そんな工夫のひとつは、通り庭にある天窓と勝手口上部に設けられた窓である。それらは元のその場所で新しいガラスと現代の設備を完備したものに改修したが、通り庭で台所仕事をしていると自然の様子がよく伝わってくる位置にあることに気づく。通り庭の一番奥にある勝手口上部の窓は、高さでいうと二階にあたるところだ。だから、ここに窓があることで通り庭だけではなく、二階までも明るくなる。つまり、通り庭の天窓とあわせて自然な光が一年を通して町家の奥へと入るように工夫されており、暗

図17　通り庭と月が見える窓

さを緩和しているわけである。一階から見ても二階から見ても自然の明かりが入る南面のいい場所にあるから、家で一日を過ごすと朝から昼、さらに夕方へと時間の経過を追いながら陽光の移り変わりを楽しめる。それだけではなく、季節ごとの景色も結構楽しめるのだ。

春のある夜、台所仕事をしながら、ふとこの勝手口のガラス窓を見上げた。すると月が見える。四角いガラス窓がちょうど額縁の役目を果たしていて、まるで絵を見ているようだ。しばらく見とれていると、空の色は水色から藍へと濃さを増し、対照的に月は白くなっていく。まるで月がこちらへと迫ってくるようだ。窓は単に明かり取りになるだけではなく、こんなふうにあるとき自然のドラマを見せてくれる。昔の人たちは、季節によっては月が見えるという計算をしてあの場所に窓をつくるようにしていたのだろうか。窓に浮かぶ月、筆者は「額縁お月さん」と名づけ毎夜出会えることを楽しみにしている。台所で料理をしているときは、ついついこの窓を見上げてしまう。

開口部をどこにどのように設けるのかも非常に大切なことだと気づくわけだが、新築の家だと一から考えなければならない。その点、元のある家を改修する場合には、そういったことを考えなくてすむ。時間をかけずに恩恵だけはしっかりもらえて、結果としてとてもお得なわけである。次は照明について紹介したい。

家が古いと、照明も古いほうがいいのではないかしら。家具もアンティークにしたことでもある。そこで、「京都じゃっかどふに」にある灯りも年代の経っているものでそろえることとなっていった。

京都のとあるアンティークショップに行ったとき、古いランプたちの灯りの虜になってしまったのである。その店には家具を見に行っていたのだけれど、ついつい長居してしまい気づけば夕闇が迫る時刻。オーナーさんが外の暗さに気づいて電源を入れた途端、店中に下げられていたさまざまな灯りたちが一斉に光を放った。するとそこには今までとまったく違う空間が出現していた。ランプたちに照らされ家具たちもあたたかさを増しているようだ。今から一〇〇年あるいはそれ以上昔につくられた灯りたち。そこから発せられる光はなぜかやわらかくあたたかい。人の手によって時間をかけて生み出されてきたものだからなのだろうか。目の前のランプを見ていると、「これはこの広い世界のなかで目の前のひとつしかないものなのかもしれない」ということにも気づいていく。実際、同じように見える灯りでもきちんと見ると一つひとつが微妙に違っているのだ。

そんなアンティークランプたちと出会ったおかげで、クランベリー、ヴァセリン、オパールセントといったことばを知るようになった。クランベリーというのは、まさに木の実の紅色とでもいおうか、濃いピンク色と表現してもいいが、乙女心をくすぐる色だ。この色はつくられた当時、金を用いないと出せない色だったそうで、お値段にもそのことが反映されている。職人たちが苦労しておそらく何年もかかりようやくつくり出した色。最初にこのランプをつくり出したとき、そのピンク色を見て、野にある果実を連想したのだろうか。色も名前も筆者好みのものである。

ヴァセリンガラスというのは、素材にウランが使われているそうで、ブラックライトをあてると怪しく緑に光る。灯りを消したあとにもかすかに糸状の光を放ち続ける。オパールセントは乳白色のガラスであたたかみのある白色。宝石のオパールのように光線によって複雑な白がガラスの元色に重なる。

ガラスが好きなので、家づくりをしながらガラスのことにも詳しくなれたことも予想外の喜びだった。好みは違うだろうけれど手づくりのガラスたちを通して、すべて人の手によってものがつくり出されてきたときとつながることができたような気がする。日本のぼんぼりや大正、昭和初期につくられたシェードにもそれぞれの味がある、いくつか「京都じゃっかどふに」でともに暮らしている。せっかくの自宅なら自分の好きなものたちと暮らしたいというわけで、照明は筆者の担当となり徹底的にこだわってみた。

居間を飾るフィギュアのついたランプたちはメイドインジャパンのものだ。メイドインジャパンと書かれていて、かつて日本から海外へ渡っていったものだとわかる。それぞれマンドリンやギターを奏でている意匠で統一した。いまはインターネットがあって、ネットを通じて簡単に手に入れることができたおかげで取りそろえることが叶った。こうしてある意味里帰りしたランプたちは、いま「京都じゃっかどふに」で仲良く協奏曲を奏でてくれている。久しぶりの里帰り、どんな思いで、「京都じゃっかどふに」にいてくれているのだろう。ダイニングのシーリングライトを消し、フィギュアランプの灯りだけで楽しむ食事は、いつもの食事風景をどこか別の空間へといざなってくれる。四季ごとにランプを移動させたり、つけるものを変えてみたりと楽しみが広がっていく。ただし、なにぶん古いものなので、使用前にはご近所の電気屋さんに修理をお願いしたものもある。フィギュアにひびが入っていて、修復をしたものもあった。そんなこともいとわないと思う方にはお勧めできる古いものたちとの暮らしである。

京都には陶器や銀製品を補修、修繕してくれる「京都試作センター」がある。府民新聞でその存在を知ってから陶器類のヒビや欠けの修理などよくお世話になっている。古都京都には実に多様な技術を持たれた職人さんがおられることを知った。これらの方がもしいらっしゃらなかったとしたら、いくつかのランプや食器は欠けたままであったであろう。ありがたいことである。残念なことではあるが、修理補修については二〇一五年で取りあつかいを終了されることとなった。

風呂場には、アンティークのステンドグラスを嵌めた。東北に旅をしたとき、ある宿の風呂場にステンドグラスが嵌められていて、朝、湯につかりにいくと陽光がステンドグラスを通して湯船にゆらゆらと映り込むのだった。赤や緑の光が差し込む湯につかることはとても幻想的で、風呂場にはステンドグラスをつけようといつしか願うようになっていた。ただし、光を楽しむには太陽が出ている間に限られるから、昼間がお勧めとなる。休日は陽の高いうちから湯につかるのが楽しみである。夜間に入浴するときには、坪庭をライトアップしておく。色とりどりのガラスの光を楽しみながら身も心もほぐれていく。ステンドグラスひとつで、贅沢な気分を味わうことができる。

こうして「京都じゃっかどふに」の改修が終わるまでのあいだ、「一階の前室にはこの灯りを、居間のキャビネット上部にはクランベリー色のシェードをウォールタイプにしてともして」などと照明プランを練ることで時を過ごした。家を建てるまで、照明というものにほとんど興味がなく、ただ明るくなればいいとしか思っていなかったのだけれど、考えだすとおもしろくてやめられなくなっていた。既製品でもいいけれど、家をつくるときには、一箇所だけでもこだわった照明をつけてみるというのはいかがだろうか。

六、町家の寒さと暑さ対策

町家の寒さ対策としては、何といっても薪ストーブを設置したことがあげられる。昔は、通り庭におくどさん（竈）があり、そこで煮炊きをすることで家全体がぬくもったのだろう。つまり、炊事がセントラルヒーティングの役目を果たしていたのだ。しかし、おくどさんがなくなり、ガスや電気で炊事をするようになると、町家はぬくもる手だてを失い寒くなってしまった。土間だからか、ストーブはなかなかよいインテリアにもなっていて、夏でも違和感がないこともいい。

今回、建築家の方からの提案で薪ストーブを設置することにしたのだが、本当によいアドバイスをもらったと感謝でいっぱいだ。なぜなら、薪ストーブのおかげで家全体はぬくもるし、加えて炎を見ていると、それだけでいやされることを知ったからだ。

たしかに薪を割ることは大変だし、火をおこすことも慣れないと簡単なことではない。しかし、最初の小さな火種が徐々に大きくなり、炎となっていくさまは感動的である。火は生きている。刻一刻と姿を変え、色を変えていく。薪の種類によっても炎は姿と色を変えるから驚かないではいられない。例えば、桜はあまり大きな炎にならない、杉や檜は長く燃えない。目下、連れ合いと筆者のお気に入りは、楢材である。燃焼時間が長いことに加え大きく迫力ある炎を見せてくれるからだ。炎がいきおいを増すにしたがいあたたかさだけではなく、希望まで運んできてくれる感じがする。薪ストーブの炎を見ながらうとうとと微睡《まどろ》まれたお客さんはひとりやふたりではない。「身体の芯がぬくもったからか自宅に帰り電気あんかを入れずに眠れました」と話してくれた人もいる。冷え症が治るという話も聞いた。いずれにしても、自分で火をおこせるようになってからは、炎を見るのが楽しみで、寒い日は一刻も早く帰りストーブを焚こうとただそれだけを考えて帰り道を急ぐ。

入居後、最初の行事は火入れ式というものだった（図18）。式では業者さんが、薪ストーブの取り

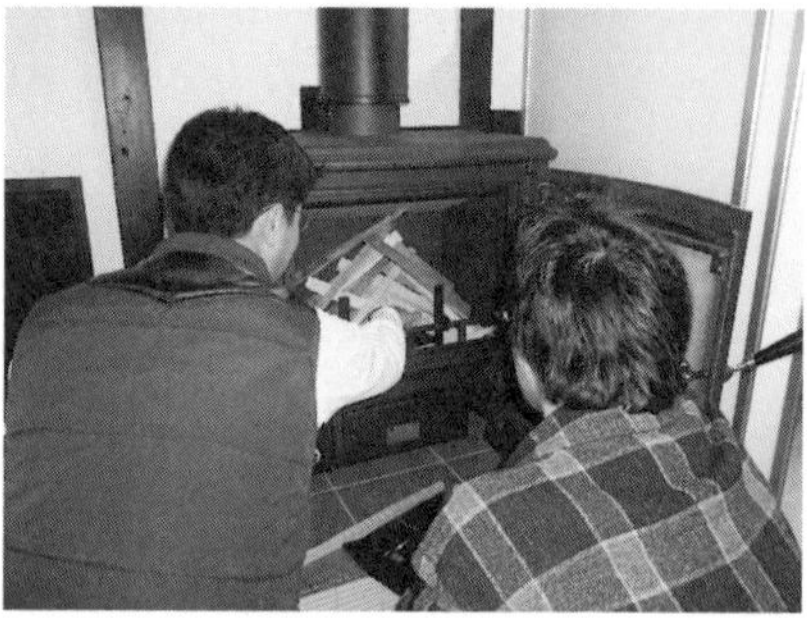

図18　火入れ式

あつかいや火のおこし方を教えてくれた。翌日からは、連れ合いがストーブ係を買って出てくれたのだが、なかなかうまく燃えず苦労したものだ。だいたい一時間くらい薪をくべたり、空気を入れたり、細かな木を足したりと、業者さんが教えてくれたことを思い出しながら手をつくす、まさに火との格闘だった。ようやくストーブが安定した炎につつまれだすと、嬉しくて笑顔になってしまう。すべての火力を薪に頼っていた昔の暮らしの大変さ、人と火のつながり、そんなことを少しだけ知ることができたような気になる。

底冷えの京都の朝夕、ストーブに火を入れると、家全体がじわじわとあたたまってくる。家がのんびりとあくびをし、おだやかに覚醒していく。家の目覚めとともに、そこにいる筆者たちの身体のすみずみにも血が流れだす気がする。ピザ用の鉄板も準備した。来シーズンこそ、ピザを上手に焼けるようになり、ご近所のみなさまを招いて、ピザパーティーを開きたいものだ。

また、これは町家に住んではじめて気がついたことだが、町家に住んでいると風邪をひきにくいので驚いた。筆者も連れ合いも、年に少なくとも一度は風邪でダウンするということを経験してきた。

しかし、この古い木造の家に住みはじめてからは一度も寝込んでいない。これはどうしてだろうか。畳や漆喰が悪い「気」を吸ってくれているのかもしれない。天然の素材とはそういうものだから。でも、それだけではないような気がする。すでに述べたように、町家は風通しが非常によい。この風通しのよさは、「菌が繁殖しにくい」といいかえられる。筆者らは、気がつけばマンションで長く暮らしていたし、連れ合いの場合などは、連れ合いのお父さんが、もともとあった古い木造家屋を七〇年代に鉄筋コンクリートづくりの家へと建て替えてしまったという。そして、マンションさながらのコンクリートの壁に囲まれて暮らしていたわけだ。おそらく、この密閉された空間が、菌の繁殖を促進しているのではないかと思うのだ。もちろん、畳や漆喰の毒出し効果もあるだろうが、この菌が繁殖しにくい風通しのよい家という構造がより根本的な意味を持っているのではないかと思う。宇井・石川（二〇〇二）でも、高気密住宅について語る文章で次のように言っている。

室内を密閉してしまったことで湿気の逃げ場がなくなり、結露も起こりやすくなってしまいます。結露して濡れた窓ガラスや壁などは汚れがつきやすく、カビの原因にもなります。そして、カビの胞子を栄養素とするダニまでが繁殖する結果となります（三二頁）。

このように、実際面でも身体の健康と古い町家の構造は、ほどよく合っているのである。

ただし、風通しがよいということは、いいことばかりではない。長所は短所でもある。日本家屋の欠点としてよくいわれる「寒さ」なども、この風通しの問題と表裏の関係にある。「基礎が不完全である」という問題と双璧をなすこの寒さ対策は、日本の古い家屋を再生するとき、もっとも大きなテーマとなる。なにしろ、焙烙で煎られるような京都の夏、家のなかで煮炊きをするのだ。風通しをよくしないと、暑くて死んでしまう。鴨長明の『方丈記』ではないが、当然、「夏をもって旨とする」ようなつくりにせざるを得ないではないか。

ほかに寒さ対策としては、改修の際、断熱材を入れてもらっている。また、居間や食事室には床暖房を取り入れた。お手洗いや洗面所のような小さなスペースには、電気やガスの暖房器具で暖をとるようにしている。

京都の夏は油照りということばがあるくらい暑い。先にも述べたように、京都の町家はもともと寒さよりも夏の暑さに対する配慮がなされた家づくりがされていたようだ。すでに紹介した通り庭や裏庭があるのは、風の通り道を確保する大切な構造になっている。夏の朝夕に、そこに打ち水をすると、温度に差が生じる。打ち水をしたところが少し涼しくなるわけで、その微妙な温度差が、家のなかに微風をうながすのである。自然を利用した空気の流れを生み出すシステムが備わっている。京町家が俗にうなぎの寝床と称されるような構造になったのは、生活から生み出された知恵が働いているわけだ。

さらに、特筆すべきは柱だろう。当然だが、昔の家はすべて完全無垢の家である。前場（二〇〇六）も、「無垢の十二センチ角の柱なら、湿気た時には一升瓶の三分の二ほどの水分を吸ってくれたり、乾燥した時には少しずつ水分を吐き出してくれる。自然のエアコンの役割を果たしてくれる」と述べている。そうなのだ、おかげでわが家は冬も結露せず、梅雨時も屋内はさわやかで、しかも夏はひんやりとしている。このように、決してファッションとして町家を活かすのではなく、このような側面にこそ注目してもらいたいものだ。

暑さが増してくると、一階に寝室を移す。隙間風が入るくらい通風がいいことに加え、通り庭のおかげもあって、二階よりも温度がかなり低いからだ。ほとんどの町家では、襖を簾戸に替えたりなどして、夏を快適に過ごす工夫がもう一ランク用意されていたりする。本当ならそういうこともできるようになるといいと思うが、いまの状態でも盛夏をかなり楽にやり過ごすことができている。風鈴を吊るしたり、表に朝夕打ち水をしながら蜩の鳴くのを待つ。

夏中でエアコンのお世話になるのは、来客時と本当に暑い夜の寝入りばなくらいになった。マンションに暮らしている頃は、エアコンをつけずに寝ることなどありえなかったのに。朝起きたときの身体のだるさがやわらぎ、さわやかな朝を迎えることができている。それにしても京都の夏は暑い。

七、入居直後の暮らし

入居は二〇一二年二月末になった。京都は底冷えが厳しい、だから、薪ストーブのあたたかさを堪能できる季節だったといってもいい。ここ数年鉄筋コンクリート一〇階にある二部屋きりのマンションに仮住まいをしていた。そこからの引っ越しである。引っ越しして春が過ぎる頃まで、「京都じゃっかどふに」は広くて寒いと思う日々が続いた。

具体的には新居に慣れるまで、必要なものを手にするのに右往左往することになった。なぜならいままではたった二部屋の居住スペースであったので、ものを探すといっても移動する距離はしれていたからだ。しかし、二階建てに暮らすと、必要なものを別の階に取りに行かなくてはならないことがあったり、しまった場所が離れていたりするために階段を上ったり下りたりということがある。慣れるまで身体がしんどいと悲鳴をあげていた。逆にいうと、オールフラットの空間に住まうということは、身体には楽なことだろうけれど、移動することがなくなる。二階建てに暮らしてみて、結構家にいても運動になるのではないだろうかなどと思っている。最低でも料理するためには、通り庭に下りなくてはならない。

歳をとるにしたがって、この移動が大変になり、マンションへ転居する方がいるのだろう。でも、思えば、だんだんと運動不足になっているのに、家のなかでも動かなくなったら、もっと運動量が減ってしまうのではないだろうか。引っ越した当初は、それまでにくらべて、家のなかでの移動だけで正直身体にきついと思えた。しかし、そう思ったのは、当初のふた月ほどで、いまでは身体が慣れてしまっている。身体を甘えさせない意味でも通り庭があり、上がり框のある町家暮らしがいまではお気に入りである。

引っ越した当初驚いたことがほかにもあった。それは、ネズミの被害だ。話には聞いていたが、屋根も壁も改修して入居したので、まさかネズミにやられるとは思っていなかった。ある朝、買ってきた食パンを通り庭のワゴンに置いたまま寝たところ、朝、袋が破られパンがかじられているのを発見した。それがネズミによるものだとわかるまで少し時間がかかった。そのあとはとりあえず、食品類はすべて冷蔵庫か戸棚にしまうこと、生ゴミはきちんと片づけること、寝る前には通り庭側の戸はすべて閉める、これらのことをするようにしている。夜中や朝方に変な音に気づき、通り庭を見るとネズミの姿が走るのを見たことが続き、しばらくネズミをどうするかについて悩んでいた。あるとき、連れ合いが通り庭の本当に小さな隙間に細い薪をいくつか差し込み塞いでくれたのだが、それが功を奏したのか、以来音がしなくなっている。少しずつ薪がかじられていったら、またお目にかかることになるのかもしれないが、ひとまず安心だ。

マンション暮らしではあまりふれることのなかった自然界を知り、困ったり笑ったりしている。友人のひとりいわく、「夏はいいのよ。冬は寒いから家のなかにネズミが入ってくるわよ」と。被害がこれくらいですめばいいのだけれど、昔の物語にはよくネズミが登場するわけがわかった。そのほかにも動物たちがいるようである。裏庭の土がよくないので、土壌改良の意味もあって、生ゴミを埋めるようにしていた。そこで、ゴミを埋めて翌朝庭に行くと、掘り返されて、埋めたはずのものが散乱していることがある。生ゴミ用の穴はかなり深く掘らないとだめだと学んだ。ご近所の話だとイタチがたくさんいるらしい。一度だけ隣家との塀を走るイタチも見たし、連れ合いは薪置き場で遊ぶイタチを見てあまりのかわいさに見とれたそうである。そんな動物たちとの遭遇もある。人と動物はかかわりあって生きてきていたはずだ。ネズミを毛嫌いしているだけでは、さびしい気がする。ネズミやイタチとうまく共生できればと願わないではいられない。

盛夏の頃、生ゴミを埋めていた土から何やら蔓が伸びだし、翌日には、黄色の花まで咲きだしたことがあった。どんどん旺盛になるので、蔓に支柱をあてがい何がなるのだろうと楽しみにしていた。世話をし続けてみたが、とうとう何の実もならずじまいであった。庭があるとこんなふうに思いもよらない自然が楽しめることもある。

八、「京都じゃっかどふに」のこだわり

ここでは入居する前とあとで考えたことについて簡単にまとめたい。

家の内部の開口部は、ドアではなく、引き違い戸にした。和風にはこのほうが似合うし、向こうに人がいるかどうかわからない場合、安全だからだ。また、可能な限り開口部に網戸をつけることにした。風通しと虫除けには網戸は必須だと思う。エアコンに頼らずできるだけ自然とともに暮らしたい。リビングダイニングの床を漆塗りにしたこともこだわったことのひとつに数えあげられる。家を建てるために読んだいくつかの本に漆の床のことが載っていて、耐用性と美しさにひかれた。京都の業者さんにお願いして、七度まで上塗りを重ねてもらった。こうすると床材自体は一〇〇年以上ももつとのことで、訪れた方たちに必ず自慢してしまうポイントになってしまっている。

廊下にはすでに少しお話ししたように畳を敷いた。スリッパが好きではないからだ。夏はとくに素足で自然素材の感覚を楽しむことができて快適である。畳の匂いもほっとさせてくれる。とくに一階畳廊下では、坪庭を見ながらお茶を楽しむことができる。廊下に沿って壁には本がぎっしり並んでいるから、どうしても本に目がいく。お気に入りが見つかるとその場で座って読み出すことができるわけだ。もちろんごろ寝もＯＫである。

土間での炊事は、思いのほか非常に勝手がいい。使い勝手が非常にいい。シンクの横には、前の家にあった水屋を洗いにかけて再生した食器棚も置いてある。再生した昔の水屋を見てご近所の方や友人の何人かが、「うちにもあったけど、捨ててしまった」と残念がられていた。

元の家で取り壊さなければならない部分から出た材木や、瓦の類、碍子にいたるまで、できるだけ残して再利用の道を考えてもらったり、提案したりした。

連れ合いが提案したアイディアは五つのうちひとつくらいの割合で、採用してもらった。廊下は畳を敷くこと、建具などはすべて再利用して使いたいこと、床を漆塗りにすることなどはすべて連れ合いの出したアイディアである。引っ越し前には、できるだけ家の建築等に関する本を読み、そこからヒントをもらっていったことが思い出される。こうして本を読むことで、転居後の生活をより具体的に描くことができるようになったし、楽しむことができたともいえる。一生にそう何度もないであろう家づくり、自分の思いをいっぱい詰めて、建てたいものではないだろうか。


引っ越して、ものがきちんと片づくことが嬉しかった。以前借りていた部屋は二間だったので収納スペースが全体に不足していたのだろう。例えば、玄関まわりに置いておきたいものが、そこに置くスペースがないため、リビングのところにしまわれていたりした。こういうことが家中で起きていたので、時間の経過とともに忘れることも手伝い、何がどこにしまわれているのかがだんだん不明になっていく。その結果、いざというときにその必要なものをうまく取り出せないことや、必要だと思って買ってきたら家に同じものがすでに置いてあったりなどということが頻繁に起こっていた。収納がうまい人だとそんなことにはならないのだろうけれど、収納が苦手な筆者としては、ものがごちゃごちゃになっていくという事態に陥ってしまっていたのだ。

町家かどうかにかかわらず、収納スペースがたくさんあるところは暮らしやすい。玄関で必要なものはそこにしまっておける、お風呂場で必要なものは、風呂場や脱衣場に置ける。そうなると、収納が苦手でもある程度きちんとしまえるものだ。引っ越しをした日に段ボールが片づいてゆくさまは、本当に気持ちがよかった。その後も必要なものがすぐに取り出せるというあたりまえの快適さが実に心地よい。

九、町家に暮らすことから考えた家具や食器

アンティークの家具や照明を購入したことをお話しした。ここでは、そんなものたちが語りかけてくるものを少し紹介させてもらいたい。

アンティーク家具類には独特の彫刻、象眼細工などが施されていて味わいが異なる。たいていオーナーが、それらの家具について状態や特徴、来歴などについて丁寧に説明してくれる。アンティーク

家具に施されている彫刻は、ピアッシングというそうだ。耳慣れないことばひとつにひきこまれることもあるかもしれない。

アンティークの魅力のひとつは、同じものがないということだ。同時期に同じようにつくられたものはあるかもしれないが、手づくりなので微妙に違っている。また、その後、違う場所で歳月を経ていくなかで、いまではそれぞれが別の個性を持つようになってきているはずだ。さらに、つくられたときからいままで実に長い時間大切に守られてきたものであるということも新しいものには決してない魅力である。ものによっては、いまから一〇〇年前あるいはそれ以前につくられている。その当時は、材料を入手することも、彫刻を施すことも、色を塗ることも、どの作業もいまほど簡単ではなかったはずだ。だから、一つひとつに職人や依頼主の思いがこもっている。そんなこともアンティークの傍にいくと実感することがある。そんなアンティーク家具でもとくにイギリスのものにひかれることが多い。なぜなのだろうか。小泉（一九九七）はこんなふうに述べている。

たとえばこの本を読んであらためてわかるのは、イギリス人にとって家具というものがいかに重要なものであるかということである。イギリス人の家具に対する執念は、われわれ日本人にとっては考えられないほどで、生活の中で、というより人生の中で、家具というものがきわめて大きな位置を占めているようである。たしかに現在でもイギリスの中産階級の家に行くと、どの部屋にも立派な家具が飾ってある。それも古いものが多く、それを誇りにし、丁寧に手入れをして使っているのに感心する（二七四頁）。

筆者らはアンティークの魅力に取りつかれてから、一緒に暮らしてくれる家具たちを求めて西は福岡から東は東京まで、ネットの情報などを頼りにして実際に足を運んだりした。いま「京都じゃっかどふに」にある家具や照明、食器類の多くはこうして集めてきたものである。だから、一つひとつに筆者らの思い出も一緒に詰まっている。

最終的には、大阪福島にあるショップでほとんどの家具をそろえた。このショップはまずオーナーさんが親切で、アンティークを愛している度合いが半端ではない。そのことは置いてある商品たち一つひとつに気配りが行き届いていることですぐにわかる。オーナーが自ら売っているものを愛している店というのは何をあつかっているかにかかわらず、素敵だし気持ちよく買い物ができる。

アンティーク家具をあつかっている店の場合、商談がまとまってから、手入れをして納品するということをうたっているところもある。しかし、いくらきちんと手をかけてから納品するといわれても、いかにもどこからか仕入れてただそこに置いてある状態の家具を見ただけで、なかなか買う気にはなれないものだ。とくにアンティーク家具は古いものだから、一歩まちがうとガラクタにしか見えない場合もある。年代を経ていることが魅力に映るように、売っている側にはプロデュースしてもらいたい。「気に入ったら磨いてあげるよ」というスタンスの後ろには、「手をかけても売れなかったら、働いた分損だし」といった気持ちが見え隠れしているように思えてくる。これでは売っているもののへの愛情を買う側は感じることができないというものではないか。本当にアンティークが好きな人はこんなやり方はしないのではないだろうか。

アンティークのものに味があるのは、時なり歴史なり物語を感じることができるからだ。いままで受け継がれてきているには、それなりの魅力があるといえる。そのことに思いを馳せてもらいたい。

大阪福島の店のホームページには「アンティーク家具は高いとお思いの皆様へ、納得してお買い上げいただける値段設定を実現！」とあった。たしかにこの店で多くのものを購入することになったのは、オーナーさんたちの気配りと納得できる値段設定が決め手である。聞けばインターネット上の取引だけで家具を送り出すこともままあるそうだが、できれば一度は店に足を運びオーナーさんと語らうことを勧めたい。なぜなら、話をしているなかで自分の好みも明確になってくるし、いろいろな知識を得ることもできるからだ。

このお店では、ネットに紹介するための写真撮影の場合でも家具だけを写すのではなく、そこに少しものを置いたり、飾ったりして写してくれている。そうすると、その家具を家に置いたときの様子をより具体的に思い浮かべることができるのだ。そんな配慮ができる人からなら安心して譲ってもらえるというわけだ。

最終的に円高であることも幸いして、お気に入りの家具、それもおそらく世界でたったひとつしかないものをリーズナブルな値段で手に入れることができた。町家と同じことであるが、半世紀あるいは一〇〇年以上にわたり伝わってきたものには、それぞれ独特の風合いがある。こうして古い家に似合う古いものたちを手に入れることができ、「京都じゃっかどふに」は完成となったのである。

家具類がアンティークとなると、食器もあわせて古いものをとなってしまった。連れ合いとふたり、とりあえず食器に関する本を読むことになる。昔、西洋では、陶磁器はなかなかつくることができず、中国の景徳鎮や日本の焼き物が珍重されていたことを知った。大平（二〇〇八）から少しそのあたりのことを紹介しよう。

大航海時代以来、次第にヨーロッパにもたらされるようになった中国の磁器、とくに白磁や染付け、色絵磁器は、美しさはもちろん、希少性や神秘性によってヨーロッパの王侯貴族たちの心を捉えました。彼らは豪華な宝石や金銀装飾品、貴石などと同じ感覚で、磁器を収集し、自らの宝物室を飾りました。（中略）磁器はひじょうに付加価値の高い商品でしたから、これをつくりたいと願う人が出てくるのも不思議ではありません。／しかし、当時のヨーロッパでは磁器の製法が知られていませんでした（一五一－一五二頁）。

いまでこそウエッジウッド、マイセン、ヘレンドなど美しい西洋陶器が数知れずあるが、それらのルーツはなんとアジアにあったのだ。シノワズリ、ジャポネズリということばが生まれ、ブルーウィローとよばれる柳の図柄が珍重されたのも納得できる。ここで、ヨーロッパで最初に磁器が誕生するまでの話を南川（二〇〇五）から簡単に紹介しておきたい。

マイセン窯の歴史は一七世紀に遡《さかのぼ》る。一六九四年に即位したザクセン選帝候、フリードヒ・アウグスト一世（通称「強王」、後のポーランド国王アウグスト二世）は、芸術を愛し、自らの城を美しい美術品で満たすことを願い、貴重な東洋の磁器を入手するため長年、多額の私財を投じていた。そして一方では、ベルリン出身の薬剤師J・F・ベドガーに錬金術師として磁器づくりを命じていた。（中略）アウグストはルイ一四世の、今は無き華麗な「磁器のトリアノン宮殿」に遊び、最新流行の中国趣味《シノワズリ》のコレクションの素晴らしさに瞠目し、その虜となって自他ともに認める「磁器病」を患ってしまい、東洋の磁器を集めるだけではもの足らず、「磁器すなわち〝白い黄金〟を自らの手で作りたい。もしそれに成功すれば金よりも高価な輸出品となって国家を潤すことであろう」と目論んだ（六一－七頁）。

ヨーロッパではまだ磁器の製法が不明であった頃、各国諸侯は東洋からの輸入に頼らざるを得なかったのである。中国や日本で生み出されたものたちがこうして海を渡り、西洋に広まっていったのだ。西洋の王たちは、収集に熱を注ぐとともにいつしか自国でつくり出したいという思いに駆られていく。ヨーロッパ初の〝白い黄金〟がどのように誕生したのかを前掲書から見てみよう。右記にあるアウグスト王の命令でほとんど幽閉状態にされ研究を続けていたベドガーは「一七〇九年ついに全ヨーロッパ待望の白色磁器を焼くことに成功した。アウグスト強王は一七一〇年にドレスデンに工房を開き、これに硬質磁器製造の独占権を与えた。しかし、その工房は、機密保持の理由から数カ月もたたないうちにドレスデンから北西へ二五キロほどにあるエルベ河畔のマイセン地方アルブレヒト城内に移され、ここにヨーロッパ最初の硬質磁器製造所が誕生した。」（七頁）

マイセンといえば、青い双剣のシンボルマークを思い出すが、そこにはあの白い磁器誕生にいたるなみなみならぬ思い入れがあったこと、また、そうまでして成功した製法であったため、秘匿に走ったことなどがわかる実に興味深い話である。さて、次は食器とともに使うカトラリーについてお話ししたい。

連れ合いが初めて購入したアンティークの食器は、ジャムスプーンというものだ（図19）。それはショップの紹介文では以下のように書かれていたものだった。

「今から一〇〇年以上も前、どんな人がこのジャムスプーンを使っていたのかしら……？　遠くビクトリア時代に思いを馳せて……。ハンドルが動物の骨で作られているので見た感じよりずっしりと

図19　ジャムスプーン

していています。スプーンの部分はシルバープレートです。花のリーフも可愛い。年代　一八九〇年頃……」

思えばこのジャムスプーンひとつが筆者たちにアンティーク食器の魅力を教えてくれたのだった。ものがいまほど豊かになかった頃、洋の東西を問わず、祖先たちは身のまわりにあるものに手を加え、工夫を凝らすことで必要なものを手に入れてきた。時代を経るにしたがい、ものづくりの魂は、そこに文様をつけるなど意匠を凝らすことを生み出していく。そこに人々の暮らしに豊かさが求められるようになった過程を垣間見る。小さなカトラリーひとつにも物語があったのだ。さて、前述したショップの口上に出てくるビクトリア時代とはいったいどのような時代だったといえるのだろうか。谷田（二〇一〇）の言葉から思いを馳せることとしよう。

〝世界の工場〟として未曽有の経済的発展を遂げた英国は、一八三〇年代以降、鉄道網を急速に普及させることで、全国的な商品の流通を可能にし、たちまちのうちに一大消費大国へと成長していく。一八五〇年以降、英国民は自らを女王に因んで〝ヴィクトリアン〟と呼びならわすこ

とになるが、それも、物質的繁栄をほしいままにする最先進国の国民としての誇りが言わせても
のだった（三頁）。

西洋食器といえば、ある人は銀食器を思い浮かべられるだろう。銀食器は、美しさもさることなが
ら毒に触れると反応するということで、珍重されるようになったとのことだ。銀だけでできているも
のをスターリングシルバーとよび、銀が表面に貼りつけられているものは、シルバープレーティッド
とよぶ。また、銀のカトラリーと聞けば、シェフィールドという名前を思い浮かべる方も多いことだ
ろう。英国の人たちがカトラリーに注ぐ熱い思いを元外交官である平原（一九九五）は以下のように
紹介している。

フランスのレストランとイギリスの宮殿を比較するのはおかしいかもしれないが、ウインザー
宮殿の食卓には客の前に二つのメニューが置いてあった。一つは所謂《いわゆる》普通のメニューで前菜、
スープ、魚、デザートから白や赤の葡萄《ぶどう》酒の銘柄などくわしく載せてある。これは別に珍しくな
い。二つ目のメニューには驚いたことに食器のメニューなのだ。ナイフ、フォークは千七百何十
何年のシェフィールド製、皿は千七百何十何年製の舶来の品、塩容れ、胡椒容器は何年の何処
製、酒盃は何々と書いてあるのだが、いずれも二百年以上も昔の骨董品であった。ちなみにシェ

フィールドはイングランドに存在する都市で日本の関や新潟あるいはドイツのゾーリンゲンのように現在でも有名な金属製品の生産地である（二七頁）。

シェフィールド製の銀食器はあこがれであり、スターリングシルバーのティーポットなども市場にはあるが、筆者たちには高価である。連れ合いの道具類に対するポリシーは、「買ったものは使う」というものだ。だから、あまりに高価なものだと使うことに躊躇してしまうかもしれない。そこで、筆者たちの選んだ銀食器は、ほとんどがシルバープレーティッドという銀が表面に貼られているタイプのものに落ち着いた。リーズナブルでいて銀の光を十分に楽しむことができる。

町家の暗めの空間で、銀はたしかによく映る。休日にはふたりで銀食器や銀製カトラリーを磨くのも楽しみなことになった。銀は磨かないとくすんでいく、磨いてやると光を取り戻す、そんな銀食器たちを連れ合いは、「かわいい」という。

入居するまでのあいだに、食器類もずいぶんインターネットにお世話になって購入した。そこで出会ったショップのいくつかは、オーナーさんたちの趣味が筆者たちのものとよく合っていたのだろう。最初はものの売り買いだけのおつきあいだったのに、いつしかアンティークのことを教えてもらったり、それにとどまらないお互いの趣味についての情報を交換したりするまでになっている。いまでは単なる売り手と買い手を超えて、親しみをもっておつきあいさせてもらっているわけだ。筆者たちの好みを把握するにつれ、売り手側も新入荷した品について、店の情報としてアップする前に特別に案内を送ってくれる場合もある。だからお気に入りのものと出会える確率が格段に上がっていったのだ。

二〇一一年五月頃から入居する二〇一二年二月までの八カ月間を、工事の進行具合を見に行くこと、お気に入りのアンティーク家具や食器類を探したり、照明プランを練ったりしながら過ごした。忙しいなかにも毎日楽しみがあり、わくわくしながら時間が過ぎていったのである。隔日にネットで注文した品物が海を渡って送られてきたりしていた。たいていの場合、なかのものが割れないよう、損なわれないように送り主も工夫をし、梱包を丁寧にしてくれている。開けたとき、最初に目にするのはきれいな包装紙だ。ショップのカードも添えられている、メッセージとともに。そんなふうにして送られてきた品を手にすると、筆者たちの元へとお嫁入りしてきたのだなぁ、と感慨ひとしおになる。だから「大切に使わせてもらおう、そしてできれば次世代に伝えていこう」というふうに気持ちが改まっていった。

「京都じゃっかどふに」にあるアンティークの家具や食器には記録を残した。手にしたものたちが、長い年月を持っていたので、それらを記録しておこうという気持ちになったからだ。あるものはイギリスで生まれ、またあるものはフランスにルーツを持つ、オランダやアメリカのものもある。日本のものもしかり。東北地方へ調査に行くことがあるのだが、定宿にしている旅館では近隣から放出される古ものが売られていたりする。そんな品々もいくつか手に入れた。もちろん京都という土地柄、道を歩いているだけで古いものと出会えることがある。弘法さん、天神さんの市へ出かけるのも楽しみだ。

古いものの良さに気づくまで、古いものとは、汚いもの駄目なものといった固定観念に縛られていた気がする。でも何度もいうように古いものは、長く使われてきたもので、独自の良さがあり味がある。いいかえると魅力があり、良いものだからこそ大切にされいままで残ることができたものたちだといえるだろう。

とくに、機械でつくることが不可能な時代につくられたもの、生み出されたものには、先人たちの工夫と叡智が詰まっている。雪見障子の話をした。どうして障子の半分の部分を上に持ち上げて止めることができるのか、いまのように便利な素材がない時代、竹という身近にある自然をよく知り抜いていたからこそ、しなるという特性を生かすことができたのだろう。

機会を見つけては、若い人たちにそんな古ものの話をすることにしている。すると、聞いているうちに何人かの目が輝きだす。「自分の家は町家だ。今まで汚くて暗くて、ちっともいいと思ったことがなかった。けれど、今日は家に帰って柱やガラスを見てみます」といってもらえたりする。嬉しいかぎりだ。

自分が生まれた家は当たり前すぎて、どんな価値があるかわからない人が多いのではないだろうか。人は当たり前のことには、なかなか考えがいかないから、気づきにくい。筆者が育った家も明治頃に建てられた家だった。引っ越した当時、六歳の筆者には、その家は、古くて、トイレが外にある不便な住みにくい家だとしか思えなかった。でも、町家のことや古い家具、アンティークを知るにつれ、古いことイコール汚い、価値がないということにはならないことがわかってきた。明治に建てられた家を残しておけばよかった、といまは思っている。そして、自分の思いをいっぱい詰めた家に改修すればよかったと思わないではいられない。

図20　譲り受けた水屋

「京都じゃっかどふに」のオープンハウスに来場した方のなかに、水屋を見て、「私の家にもこれより立派な水屋があったわ。でも、このあいだ捨ててしまったわ」とおっしゃる方がいた（図20）。そう、捨ててしまったもの、壊してしまったものは、もうどうしようもないのだ。捨てる前、壊す前に一度だけ考えてみてほしい、「本当に手放していいのかしら」と。自分が思っていることは単なる思い込みにすぎないのではないか、そんなふうに一度疑ってみてもらいたい。谷田（前掲）も「あたり前のものは、記録に残りにくい。たしかにどんな時代であれ、その時代に生きた人々の誰にとっても自明なものごとや、改めてこれはこれと言挙げするまでもないわかりきった事物についてくだくだしく述べ立て、記録にとどめようとするものは稀にちがいない。ひとは、その『あたり前』だったものが、『あたり前』でなくなって初めて、穿鑿の手を伸ばし始めるのである。」（三頁）と気づきの大切さに言及している。

まわりにあるものたちを、一度じっくり見つめ直してみてもらいたい。いつ、だれが、どのようにして、何を思いながらつくり出してくれたのだろう。縁あっていま目の前にあること、その重みを感じてもらえればと願う。

十、京都下町くらし

二〇一一年一〇月、建築した会社からの依頼を受けて、オープンハウスを行った。来場者は予想をはるかに上まわったそうで、まことにありがたいことである。伝統的な工法で建てられた家を見てもらい、ひとりでも多くの人に町家の魅力を伝えられたらと願っているからだ。ご近所の方もたくさん見に来られたようで、ご近所づきあいも自然なかたちでスタートすることができたのではないだろうか。「近くのあの家が改修されたらしい、一体どんなふうになったのだろう」と興味を持たれていたのだろう。なかには、連れ合いにいろいろと訊かれ話し込まれる方もいらっしゃった。再生した水屋や、壁一面の本棚がとくに目をひいていたようだ。

ものへの価値観をどう持つのか、私たちは試されているのかもしれない。戦後生まれの筆者の世代はどうもこの国が経済発展を遂げるのにともない、新しいものにこそ価値を見出してきた傾向があるように思われてならない。少なくとも筆者はそういう価値観を持っていた。町家の改修を通じて、自分の価値観を見直す機会をもらえたといえる。ときには自分の持っている価値観が本当にそのままでいいのかと疑ってみる視点も持ちあわせたいと考えるようになった。

オープンハウスをした頃は、ちょうど氏神さまの秋祭りでもあった。引っ越し前ではあるけれど、近隣の方々の好意で、筆者たちも参加させてもらえることになった。教えてもらった時刻に、町会長さんの家に行くと、何やら大きな木箱が置かれている。長持である。実物を見るのは初めて、博物館の展示でしか見たことがない。最初の驚きの瞬間であった。

中身は、神様に奉納するご馳走の数々が入っているとのことである。神様へご馳走を運ぶ、ふたつ目の驚きだ（65頁参照）。さらに、何とご馳走づくりは、すべて、町内の男性たちだけでされるとのこと。二一世紀のこの時代に男性だけがかかわる神事がまだある事実に三度目に驚くこととなった。中身を知ることができるのも男性に限られているということなのだが、特別に筆者は見せていただくことができた。中身は海の幸、山の幸の数々である。あとは読者のみなさまのご想像にお任せしたい。

こういった伝統行事が継承されていることは、よそから来た筆者らにはただ感心することしきりであった。なぜこのようなことが可能であるのだろう。それは、この町内では一年の行事について、その一つひとつについて、書付や写真つきのデータ等を作成していることが一番の貢献だと思える（64頁参照）。さらに副次的な要因としては町会長選出にあたっては、無記名の投票で行っているのだが、そろそろあの方にお願いしようといった共通認識のうえに選出されていることが作用している。つまり、人間関係が構築されていて、うまく機能しているからこそ、伝統行事の継承が可能となっているわけだ。

これらの奉納品を持ち、氏子がそろってお参りするのだが、これまたお参りするのに、町内によって順番があることを知った。ほかの町内でお参りされている人のなかには紋付き袴姿の方もいて、気分がさらに引き締まる。神社でのお参りは、筆者たちが住まう予定の町内が最優先で、この町内が一番にお参りしないかぎり、次の町内はお参りできないそうだ。またしても驚きである。というわけで、新参者にもかかわらず、筆者たちは何と最前列での参加となり、緊張度は増していく。「昔からずっとそうだから」という説明なのだが、神社へ参るということだけでも地域の成り立ちと深く関連していそうで、好奇心がうずいてくる。

「京都じゃっかどふに」のあるご町内のような町が京都にはまだまだあることだろう。ちなみに、奉納するご馳走をつくる場所は、私宅が会場だったこともあるらしい。今後も、できることなら「京都じゃっかどふに」として生まれ変わったこの場所を贔屓にしていただければありがたい。

この年の五月には、お千度の案内をいただいた。お千度とは何か、まったく知らないなか、町内からいただいた案内に書かれている時間にとりあえず氏神さまの社殿に出向く。すでにご町内の方々が三々五々集まってこられている。町会長さんが社殿に上がられ、氏子一同、神主さんからお払いを受けた。お参りが終わると、町内の方がお千度の意味を教えてくださった。「社殿のまわりを回るんです。だから、お千度。子どもの時分は、何度も回ってね。回るたんびにお菓子をもろうた」。なるほど、子どもがたくさんいる時分は、さぞや楽しみな行事であったことだろう。もちろん、ありがたく筆者らも社殿を一巡させてもらった。そして、お菓子ならぬお神酒を頂戴したのである。

この日は、それから、昼前にもう一度近所で集まることになる。ご町内の方々で昼食をいただくのだ。この年の町内の役員さんの初顔合わせがあり、親睦を深める意味がある。筆者らのような新しい町内への転入者も紹介を受ける。こんな町内なら安心だ。泥棒避けには、町内仲の良いのが一番だと聞いている。

町家は油照りとよばれる京都の夏の暑さに対応してつくられていると書かれていた。盆地ゆえの底冷えといわれる冬の寒さもかなり身体にこたえるが、筆者はどちらかといえば暑さに弱い。油照りとよばれる暑さが七月から九月、長いときには一〇月にまで続く。そんな暑さのなかにあっても「京都じゃっかどふに」に暮らすようになってからは、冷房をできるだけ使わなくてすむ生活がおくれている。以前なら、梅雨が明け、真夏日になると、どんなにがまんにがまんを重ねても、朝一〇時にはエアコンのスイッチに手が伸びた。何もしなくても汗が噴き出すような気温には、ほかになす術がなかったものだ。

しかし、いまでは、自然に逆らわず、先人から受け継がれてきた暮らし方を実践させてもらっている。夏の暑さ対策は、まずは、朝の水やりにはじまる。裏庭と坪庭にたっぷりと水を撒く。雑草すら生えていない本当に殺風景な裏庭だったが、いまでは、バラや百合、朝顔などが咲く庭になっている。「今日も暑いわね」と話しかけながらホースやじょうろで水を撒いていく。花は水だけで生きていてくれる。水は命を支えている、だから丁寧に撒く。水やりが終わると暑さがいくぶん和らいでいく。

続いて、玄関前にも水を打つ。ご近所の方がいつも早朝に一年を通じて門掃きをしてくださっていて、ごみはすでに片づけられている。この紙面をお借りしてお礼申し上げたい。そのコンクリートの上に水を撒いていく。道行く人に少しほっとしてもらえますように。玄関前の水撒きが終わると、今日の一日のはじまりを感じる。家のなかに戻ると、通り庭に風が吹く、風鈴が鳴る、今日も暑くなりそうだ。

日中は、居間の部分の床の冷たさが足に心地よい。通り庭に思う存分水を撒いて、掃除などするとすがすがしさも極まる。夕方暑さが一段落を迎える頃、再び庭と玄関前に水を撒く。植物が植わっている場所以外の地面にもたっぷりと水をやる。網戸を通して南北に風が抜ける。天窓も開け、空気の入れかえをしながら、美しくなった通り庭にろうそくなどを置いて、わが家のライトアップタイムがはじまる。夏は夏なりに楽し……。

七月は祇園祭である。祇園さんとは、何のご縁もなく過ぎるのだろうと思っていたが、町内から回覧板がまわってきた。それによると、祇園会でご祈祷が受けられるとのこと。「大祓人形」と書かれている人型に家族の氏名を書き、悪いところを三回なでて、息を吹きかける。人型と志納金を町会長さんのところへ持参する。広い意味で氏子として参加させてもらえることを知り、あらためて祇園祭のスケールに驚いた。鉾の巡行が近づくにつれて、自宅付近の喧噪も増し、宵々山まであと数日と数えるくらいになると日常の買い物に出るのも覚悟が必要だ。途中の人波は尋常ではなく、いつもの店まで行くのに時間が倍はかかってしまう。さすが京都の三大祭、それも町衆の祭りである。

祇園祭というと鉾の巡行にばかり目がいきがちだが、京都では七月いっぱい関連行事が続く。巡行から一週間後には、三基の神輿が出る。後祭《あとまつり》とよばれているものだが、このうちの一基が自宅の前の道を通るのだ。回覧板でお知らせがあり、詳しい日程を教えてもらう。当日は、家の前に出てみるとすでにご町内の方々も家のなかから出てきて「いまか、いまか」と待っている。筆者たちを見ると、「いま、新町のところやから、あと一〇分もするとこっちへ来るよ」と声をかけてもらえる。神輿が来るのを町内の人といっしょに待ちながら、町内に馴染んでこられたのかなと嬉しくなった。

神輿がやってくる。一〇〇人くらいの男性たちのかけ声と汗とともに、小さな山がせまってくる感じだ。白い法被《はっぴ》に脚絆《きやはん》姿。裃《かみしも》の衣装をつけた人を乗せて馬も出る。「よっしゃいこか」、「そうれ」気合いがかかり、ただでさえ暑い温度がさらに熱を帯びていく。「京都じゃっかどふに」は、もう何十年もあるいは一世紀を超えて見てきたであろうこの神輿巡行を、筆者らと新装あらたに見送る。夏も盛りである。

二〇一四年、「今年から後祭山鉾巡行が復活します」とのお知らせがあった。お知らせによると、後祭とは、「祇園祭は疫病退散を祈願する八坂神社の神事です。古来、神事の中心となる七月一七日の神幸祭《しんこうさい》と七月二四日の還幸祭《かんこうさい》に合わせて、一七日に前祭《さきまつり》の山鉾《やまほこ》巡行、二四日に後祭《あとまつり》の山鉾《やまほこ》巡行をすることが習わしになっていました」とのことで、昭和四一年（一九六六年）に山鉾行事の合同化が行われてからは巡行が一体化されていたということだったのだ。今回なぜ復活となったのかについては、「千年以上に渡って継承されてきた先祭《さきまつり》・後祭《あとまつり》の習わしを、後世に正しく伝えていくためです」と説明されている。一〇〇〇年、改めて、継承されていることの重みを感じるではないか。合同化されてから数十年の歳月を経て復活される祭りの形態、さまざまな困難があるだろうが、次代に継承されていってもらいたいもののひとつである。

第一部でも紹介されているが、夏の終わりには、地蔵盆がある。地蔵盆、京都の人は、親しみを込めて〝おじぞうさん〟とよぶ。京都には町内にだいたいお地蔵さんのいらっしゃる祠が置かれている。普段は、ご町内で清掃やお花の世話などをしながら、お祀りしているのだ。毎朝、お地蔵さんに手を合わす姿を京都ならいたるところで目にすることができるだろう。町内によっては、ひとつではなく、いくつもお地蔵さんがいらしたりする。

地蔵盆は、一年に一度、お地蔵さまを祠から出し、祭壇に飾り、子どもの健やかな成長と町内の親睦がはかられる行事だ。会場では、飾りつけにはじまり、おやつが配られたり、福引があったりする。普段顔を見せない方も町内に集まり、子どもを囲んでおしゃべりに興じる。

筆者の育った伏見地域でも、子ども時分には、一〇時と三時にはおやつがもらえた。おやつは、袋にスナック菓子やあめ玉などが詰め合わさっていたものだった。その頃は日程も三日ほどあり、夜には金魚すくいや紙しばい、花火などが催されたりもした。夕方早めに食事をすませ、浴衣を着せてもらって行くのが楽しみだった。

普段はあいさつくらいしか交わさない町内の人と親しくことばを交わすことになり、地元に愛着を持つようになる。同じ町内に住んでいてもめったに顔を見ない人と親しくあいさつを交わす。また思いもかけない人が面倒をみてくれて、案外子ども好きなことを知ったりしたものだ。だから夏休みの絵日記の最後のページは、毎年地蔵盆のことを描いたものだ。

少子化の波は、筆者のいる町内にも寄せてきていて、子どもさんの姿は本当に少なかった。地蔵盆についても回覧板でお知らせがあり、朝の八時に氏神さまの境内に来てほしいとのこと。何があるのだろうか。

氏神さまの境内には、ご町内の行事に必要なものを納めた倉庫があり、そこから地蔵盆に必要な物資を会場となる場所まで、みんなで運ぶのだった。軽トラックから物資を下ろし、祭壇が手際よく設えられていく。祭壇ができあがると、祠からお地蔵さまをお運びする。まもなく、ご近所のお寺から尼さんがご祈祷に来られた。子どもさんの姿がかなり見られる。よそに暮らすお孫さんたちが町内に来られているからだ。これから丸二日間、お地蔵さんの前には、ご近所の方が入れ替わり立ち替わりやってきて、話に花が次々と咲く。お地蔵さんも笑っていらっしゃるようだ。

先にも紹介したが、秋の氏神さまの祭礼や地蔵盆の飾りつけなどは、手順や飾り物などについての書付がある（58頁、64頁参照）。写真と解説があるので、不明な点は、この書付を見ながら協力して行うのだ。いずれにしても町内の方が仲良く協力できることが貴重である。ご長老とよぶに相応しい方々にいつまでも元気でいらしてもらいたい。

九月になると、地域の運動会のお知らせがあった。歩いて二、三分の小学校跡地での開催である。ここは廃校になったとはいえ、いまも地域の人たちが何かにつけて集まるところである。年間いろいろな催しがあり、地域の人の拠りどころとなっている建物だ。毎朝通勤しながら目にするのだが、校舎のまわりには、季節ごとに花が植えられ、目を楽しませてくれている。夏には水やりが忘れずにされていて、ときたま雑草抜きをされている方の姿もある。京都には、少子化でこういった小学校が少なからずあるだろう。それぞれが地元とともに活用されていく方策を、今後も模索していくことになるだろう。

夕方には、ご近所で打ち上げがあった。会場へと向かうと、筆者ら夫婦にとっては初めてお目にかかるご近所の方もいらっしゃる。最初は少し緊張したものの、お酒とともに座が和んでいく。来月にせまった時代祭のことが聞けたのもありがたいことであった。

時代祭は、一八九五年、明治二八年に平安神宮が創建され、その維持と管理のため平安講社がつくられてはじまったものである。いまでは祇園祭、葵祭とともに京都の三大祭と称されるが、ふたつの祭りにくらべ歴史が浅いと紹介されていることが多い。筆者は大学生のときに、京都の祭りにどうしても参加したくなったのだが、一般女性にとって、京都の三大祭はいずれも容易に参加できないのであった。なぜなら名だたる役につくには、それ相応の寄付もともなうものであり、自分がやってみたいからといってできるものではないからだ。それでも情熱が通じたらしく、時代祭の女人行列、皇女和宮のお伴役として歩かせてもらうことができた。このような経験もあったので、ご近所の長老であるおひとりから時代祭の話題が出たときには、思わず身を乗り出して聞いてしまっていた。

時代祭には、各町内から出演する〝役〟がまわってくるのだが、幟に名前が書かれているような役で参加するのは、町内より選ばれた方だということだ。だから、そのような大役に選ばれ、祭りに参加するとなるとそれは大変名誉なことなのである。いったん出演すると、大将会なるものに入会を許される。祭りに参加した経験者ばかりで構成される会で、時代祭の参加者を推薦することや、定期的な会合も開き親睦を深めているとのことだった。

現在、町おこしのために、多くの町村が多様なイベントを企画し、実行している。大名行列が企画としてはよく出されるらしいが、集客力と費用を天秤にかけるとあまり良いイベントとは判定がおりず、却下されるケースが多い。そのようななか、明治からはじまった時代祭が平成でもあれだけの参加者と見物人を集め、京都の三大祭として定着したのには、各町とのつながりが鍵になっていそうである。ひとたび祭りに参加した人は、名誉を与えられ町の誇りともなる。時代祭同様町衆の力が京都を支えている。

町衆の力といえば、やはり第一部でも詳述したように、筆者らの町内では剣鉾を飾る祭礼がある。一〇月一〇日前後の月曜日が祭礼当日であるが、その前夜、町内の男性たちが集まりお供えものをつくる。地蔵盆でもそうであったのだが、どのように祭壇をこしらえるのか、供え物は何で、どのようにしてつくるのかといったことは、すべて書付と年長者の方々の記憶とで再現されていく。祭りは年に一回であるため、書付や年長者の記憶に頼り、それを継承していく人がいてこそ存続できている。

未来にどのように伝えるのか、少子化高齢化時代を迎え、課題を抱えている町内が多々あるだろう。時代祭から次につなげるための方策を探りたいと考えているところである。

大晦日には、をけら詣りに出かけた。かなり冷え込んだが、どうしても新年の気分を味わいたくて、寒いのを払いのけるようにして出かけた。をけら詣りというのは、「八坂神社　祭典行事案内」によると、以下のような説明が書かれている。

三十一日午後七時　除夜祭

「をけら詣り」、祭典後境内のをけら灯籠にをけら火を移します。元旦午前五時頃まで。

＊吉兆縄にをけら火を移した後は、まるめて台所の火伏せのお守りとします。

をけら火は、台所の火の用心になるとは聞いていた。加えて、もらった火種が消えないように縄をブルンブルン回しながら、帰宅するらしいことも何となく知っていた。さて、吉兆縄とはどのようなものなのか、また片道四〇分はかかるだろう道を、北風の中、果たしてをけら火を消すことなく歩いて帰ることができるのであろうか。

八坂神社に着いた。門のところで「縄いりまへんか」と縄が売られている。をけら詣りの火縄は、神様の祈願がされた特別の縄だと思っていたので、ここで売られている縄を買っていいのかどうかと思案する。とりあえずは、神様にお参りしてからと自分にいい聞かせ、そのまま拝殿へ歩いていく。お賽銭を準備して、二礼二拍手一礼、無病息災、家内安全を祈願。そして、をけら火を探す。「あった！」お参りさせてもらった後方でをけら火なるものが焚かれている。縄は、そのまわりでも売られていた。先ほど売られていたものと寸分違わない、少しがっかりする。

縄を売っている人に、「火をもらって帰ったらどうしたらいいですか」と訊いてみた。「この火は、持って帰りそれで湯を沸かし、お茶を飲むと一年間無病息災だといわれています」との返事。このようないわれなら、筆者らもすでに知っている。問題は、持ち帰ったありがたい火種を、現代の人たちはどのように利用しているかを知りたかったのだけれど。だから、もう一度尋ねてみたのだ。すると先ほどと同じ答えが返ってきた。売っている人は、あまりをけら火の昨今について考えていないのではないかしら。値段は一本七〇〇円。正直高いと思ったが、せっかく来たのだからいただいて、火をもらった。

あとは、家路を急ぐのみ。できるだけ人気のない道をとりながら歩く。をけら火の燃える縄を右手で回しながら、連れ合いの歩調はだんだんと早さを増す。ついて行くのがやっとの思いで何とか家に到着した。すぐに薪ストーブに火縄をそのまま入れ、一年間の火の用心を祈願した。ストーブにかけておいたやかんの湯でお茶をいただく。をけら詣り、デビューである。

明けて元旦。すでに回覧板で、一〇時に氏神さまへ町内そろって参拝するとの案内があった。行ってみるとすでに町内の顔なじみの方々がいらっしゃる。各自お正月らしい装いで気も引き締まってくるというものだ。境内ではドラム缶に火が焚かれ、暖をとらせてもらえるようになっている。御神酒や茶菓の用意まで、ご町内の方々が準備して待っていてくださったのだ。本当に生きていけるのは、ご縁のおかげ、おかげさまである。お正月の神事に参加させてもらえ、ご町内の方々ともまた交流できる。着物にかかわるお仕事をしている方から、「来年は着物を着てくださいね」とおことばをかけてもらえる。本当にお正月くらい着物姿になりたいものだ。日々のご近所とのこうしたおつきあいが心をあたためていってくれる。

人間関係が希薄になり、隣の人の顔も知らないという住まいが増えているなかにあって、筆者らが家を持たせていただくことになった町内にはあたたかな近隣関係がさまざまに残っていた。ちなみに筆者が六歳から暮らした伏見の町では、筆者はよそ者のようなあつかいをされ続けてきている。俗に「京都は三代住まないと土地の人と認めてもらえない」といわれるが、そのことを自身の肌で感じ続けていた。その点、このご町内では、引っ越してきてすぐの筆者らに胸襟を開いてくださっている。ご町内のある方はこの町のことを「村ですねん、ここは村でっしゃろ」と評される。

暮らしとは何であろうか。最近出会った英語の名言に“To live is the rarest thing. Almost people exist, that's all.”というのがあった。「生きていることにはめったにお目にかかれない。ほとんどの人は存在しているだけだ」という訳がついている。「生きていること」とは何であろうか。筆者には、以下に述べる「神話的時間」のなかにあることだと考える。下橋邦彦氏の著作のひとつ『喜寿にむかう風』では、鶴見俊輔さんの言葉を引用し、「同じ時間と言っても、『日常的時間』とそれとは違う『神話的時間』の二つがある。『神話的時間』とは『なにか自分の意思でしたいことをしている時』」ということが紹介されている。日常にあってわれわれは時に流され存在するだけになってしまいがちである。「神話的時間」を生きられるかどうか、to liveできるかを噛みしめるときが必要である。なお、下橋氏は、長年の教員生活から得られた豊富な知恵と体験から「教師駆け込み寺」というのを有志で立ち上げ、教員をサポートする活動をされたり、「いのちの授業」を出前されたりしている方だ。生きていることは、私たちにさまざまな出会いを提供してくれる。

　この書を書き終える頃、ひとりの同僚が「京都じゃっかどふに」を訪れてくださり、近くにある神社について次のような詩を紹介してくれた。

梅花

宣風坊北新栽處

宣風坊《せんぷうぼう》の北《きた》　新《あら》たに栽《う》ゑたる處《ところ》

仁壽殿西内宴時仁壽殿《じじゅうでん》の西《にし》　内宴《ないえん》の時《とき》
人是同人梅異樹人《ひと》は是《こ》れ同《おな》じき人《ひと》　梅《むめ》は異《こと》なる樹《き》
知花獨笑我多悲知《し》んぬ　花《はな》のみ獨《ひと》り笑《ゑ》みて　我《われ》は悲《かな》しびの多《おほ》きことを

詠み人は、かの菅原道真公で大宰府に流されての悲しみを詠んだものだそうである。「梅の花を、宣風坊の北にあるわが家にもわざわざ植え、皇居仁壽殿の西に咲いているのを、正月の宴のときにも見た。見た私は変わらないのに、この大宰府に咲く梅は京の梅とは別の木。花はほほえむように花ひらくが、私は悲しみばかり」道真旧居は、五条坊門にあったといわれており、「五条坊門」は仏光寺通の旧称で、「宣風坊」は四条と五条のあいだを中国風にいったものだそうである。

町家探しにはじまり「京都じゃっかどふに」が完成する過程で、筆者に見えてきたことは住まうということの意味であった。家の改修をする過程では「当たり前」と思うことを問い直してみることが多く、人だけではなく、ものたちとの出会いにも恵まれた。平成二四年以来、村の仲間にしてもらえて、やすらぎとよろこびを持ちながら暮らすことが叶っている。感謝でいっぱいである。

結び　筆者らにとって日本の文化継承とは何か

本稿は第一部を李建志が、第二部と第三部を齋藤由紀が執筆した。それぞれの個性が反映した論旨、文章になっているかと思う。しかし、ここで両者の議論をふまえたうえで、日本の文化破壊と文化継承について述べていく必要があるだろう。そこで「結び」として、李建志と齋藤由紀の双方から、まとめてみようと思う。

まずは李建志から話をはじめよう。筆者は本論の第一部で、町家の本質を、その建物にではなく「つきあい」のなかにこそあると述べた。そう、建物を遺すかどうかなど、瑣末な問題にすぎないと思っている。そのなかで、古い木造家屋にしかない良さを擁護した。これは、感傷的あるいは感覚的な意味でいうのではなく、その古い木造家屋の構造――通風性の高さや水分を吸収する木の能力など――について声を大にして語りたいと思っている。町家はこうした優秀な能力があるからこそいま注目されるべきだと思うからだ。何も古い日本の生活を美ととらえて、それを追究すべきだといっているのではない。

しかし、である。いまの日本の「文化継承」を語る言説は、ほとんど「古い」「日本」の「美」を是として、それを強調するものばかりではないか。例えば、京都市が運営する京都市景観・まちづくりセンター（以後、センターと略記）というものがあるが、ここでは町家を「保存」するだけでなく、明治期からの生活――夏になったら建具を簾戸に交換するなどの生活――を再現する方向へと進めようとしており、レストランやカフェなどといったかたちで建物を利用することなどを勧めようとはしていない。そこにあるのは、「古い」「日本」の生活を残すという保守の思想だ。

筆者は決して保守の思想を全否定するつもりはないが、第一部でも述べたとおり、消防法によって竈による煮炊きが禁止され、生活の知恵として存在していた日本家屋の通風性が、冬寒いという単なる欠点としてのみ存在するようになってしまったように、昔のままの保存はとうてい不可能だといわざるを得ない。だとすれば、行き着く先は町家をつぶして新しいふつうの家を建てるという方向しか残されていないのは当然だろう。

前述のセンターでも、町家の出入口にガレージをつくっている家に補助金を出し、表面を町家の面影に合わせるという「時代に合わせた支援」をしているというかもしれない。しかし、そんな場当たり的な対応では、いずれじり貧となることは目に見えている。これでは町家はお金がない人には維持できないのだといっているに等しいからだ。

文化とは、建物や景観だけによって担保されるものではない。だからこそ、センターでは「古い生活を復元」ということを主張しているのだろうが、古いものを「守る」という考え方は、いたずらに時間と経費のむだ遣いを市民に要求する浮世離れした考え方にとられても仕方があるまい。現実に、町家ファンドを立ち上げ、経済的な支援をしているというが、その額も年々減少している。

だから筆者は、「守る」という姿勢とは一線を画する考え方を持っている。それよりも、政府がすすめる高気密住宅という考え方や、マンションの隆盛といった経済環境で「商品」としてやりとりされる住宅に対して、その健康さ、経済性の側面から考えたいと思っているのだ。そう、高気密住宅では熱効率は高くとも、菌が繁殖しやすい環境なのではないかという批判や、築年不詳という古い建築物が固定資産税を考えるとほとんど「減価償却した状態」と役所には見られるため建物にほぼ税金がかからないという点がより強調されるべきだといいたいのだ。そのうえで、日本家屋の美しさや生活が息づいていればいうことないだろうし、そのような家が残っている町内なら、昔ながらの「つきあい」が生き残っていくことだろうと考えるのだ。そしてこういう考え方こそが、町家を残すという意味でももっとも有効な手段だと、筆者は信じるのである。

日本文化を守る、こういうと保守を通り越して右翼の色がにじんでくるような印象を受ける。現実に、自民党の安倍晋三氏を首班とする政権は、「日本を取り戻す」という目標を掲げ、日本の良さを伝えるべく「クールジャパン」という言葉を駆使している。そこにあるのは、極端な戦後の歴史教育によって誇りを失った「日本人」を、自国の誇りを持った人間に育てるという、いわば歪みの矯正をしようという考え方だ。

しかし、本当に日本社会は歴史教育によって日本に誇りを持てなくなったのだろうか。筆者にはそうは思えない。これについて、筆者は『日韓ナショナリズムの解体――「複数のアイデンティティ」を生きる思想』のなかで詳しく述べているのだが、日本の戦争が悪かったと教育されることで誇りを失ったというのはむしろ虚構で、いわゆる革新の立場に立つ筆者としても、そのような教育に影響されたという認識はない。むしろ日教組系の教員のことばや、革新を自認する知識人の「在日朝鮮人」とよばれる人へ親近感をあらわしたがる行動に、気味の悪さを覚え、うんざりさえしていた。

あえて敷衍していうが、もし筆者が「日本人」の「右翼」だったら、歴史教育を変更するのではなく、むしろ国語教育の改革を訴えただろうと思う。年端もいかない小中学生に、「未然、連用、終止、連体、仮定、命令」などといった文法用語を覚えさせるなど狂気の沙汰であり、「国語」ぎらいを量産する根拠になっていると思うからだ。実際に、非日本語母語話者に日本語を教える「日本語教育」という専門分野が存在し、多くの成果をあげている。これは、戦前の「外地」における日本語教育までその根があるといえるもので、長い歴史を持った分野なのである。だったら、この「日本語教育」で実際に行われている日本語文法教育、例えば連用形を「て形」（〇〇して＋いる、という活用だからこの呼び名がある）とよぶなどして、小中学生には難しい文法用語など廃してしまおうと考えるのが常識人の発想ではないか。

だいたい、「クールジャパン」というカタカナ英語自体があまりいいものではない。筆者は専門家ではないので、小学校で英語を教えるべきかどうかという問題を含めて、小学校教育に関しては、何もわからないとしか答えられないが、ただこのカタカナ英語が気持ち悪いという印象だけは語れると思う。

筆者は日本で生まれ、日本で育った。当然、筆者の国籍がある韓国や、朝鮮半島について、「誇りを持つような教育」は受けてこなかった。筆者はこれを非常に幸運だったと思っている。もしも筆者が韓国で生まれていたら、あるいは北朝鮮で生まれていたり、朝鮮総連の学校で勉強していたら、「祖国の誇り」のようなものを学校教育や社会の空気から教えられ、いまとはまったく違った存在になっていたはずだからだ。例えば、筆者がもし韓国の教育を受けていたら、日韓が野球やサッカーの試合をしたとき、韓国選手が野球のマウンドに韓国の国旗である太極旗を立てたときに胸が躍ってしまったり、韓国選手が「竹島は韓国領」とアピールして走り回る姿を見て感動してしまったりしたはずだ。もし韓国で教育を受けていたら、韓国選手たちのこれらの品位もなければ冷静さのかけらもない行動を、突き放して考えられる位置に、筆者は立てなかったに違いない。

またひるがえって考えてほしい。もしも日本が、「日本人」としての誇りを取り戻す教育をするとしたら、将来的にあの韓国の野球選手やサッカー選手のように、日の丸をマウンドに立てたり、「竹島は日本領だ」という横断幕を持って競技場を走り回ることもありうるということなのだが、「クールジャパン」なる言葉を弄する「日本を取り戻す」教育を推進する人びとは、それに気づいているのだろうか。そして、そのような事態に陥った日本社会を、正しくも美しいと思うのだろうか。「クールジャパン」の「クール」は、「かっこいい」という意味と「冷静」であるという意味をあわせ持たせているだろう。だとすれば、他国がみな「愛国教育」をしているから、日本も「愛国教育をしなければ」と尻馬に乗るのはかっこいい行動なのだろうか。筆者には非常に滑稽に思える。

筆者の好きな落語家に、立川志の輔という人がいる。数年前に、彼が京都で口演したとき、筆者は妻とともに聴きに行った。そこで志の輔氏は「まくら」として、次のようなことをいっていた。

タイタニックみたいな大きな国際旅客船が沈没しそうになったときのこと、船員がまずは男たちを海に飛び込ませようとして次のようなことをいいました。アメリカ人には「いま飛び込んだらヒーローになれますよ」といったら、全員飛び込んだ。次にフランス人に「いま飛び込めば女にもてますよ」といったら、やはり全員飛び込んだ。そのあとで、ドイツ人に向かって「飛び込むという規則になってます」というとやはり全員飛び込み、最後に日本人に向かって「みんな飛び込んでますけど」というと、日本人も全員飛び込んだ。

○○人というものが人格化されており、よく考えればありえないだろうとは思うのだが、なんとなく笑わせられる話ではないか。そしていま、「クールジャパン」の推進者たちは、この「ほかの国はみんな愛国教育やってんですけど」といって「日本人」とくくられている人びとを追い立てようとしているわけだ。

筆者は日本では「韓国人あるいは朝鮮人」として他称され、韓国では「日本人あるいは日本人とほとんど変わらない人間」として他称され、その排除の苦しみを受けてきた。しかし、その苦しみの向こうでつかんだものは「みんなといっしょ、諸外国といっしょ」という判で押したような価値観や「他称する暴力」と立ち向かう精神であった。筆者が韓国や朝鮮の愛国教育を受けずに幸運だったという意味は、まさにここにある。筆者のこの立場は、かなり「クール」だと思うが、いかがだろうか。

少し角度を変えて考えてみよう。ここ数年来、いわゆる「ヘイトスピーチ」というものが問題となっている。在日朝鮮人が不当に税金を免除されているとか、生活保護を不正に得ているといった類のデマがほとんどだ。ネット右翼の人びとのいうことは、内容以前に文法があやしいと思うのだが、それは置くとしよう。周知のように、これを契機に「人種差別禁止法」を制定させようと動いている人びとがいる。気持ちはわかる。しかし、これにも筆者は反対だ。理由は「表現の自由」などといった表面的なことでは、断じてない。現在、自民党安倍政権は、憲法改正を目論み、すでに「改正草案」を公開している。さまざまな問題があるだろうが、筆者はとくに三十六条改正案と、三十九条改正案により深刻な問題を感じている。現行憲法三十六条では「公務員による拷問及び残虐な刑罰は、絶対にこれを禁ずる」となっている。しかし、改正草案ではこの「絶対に」の三文字だけを意図的に削っている。さらに、現行憲法三十九条では「何人も、実行の時に適法であつた行為又は既に無罪とされた行為については、刑事上の責任を問はれない」という文言が、改正草案では「実行の時に違法ではなかった行為」へとすりかえられている。ここからは、場合によっては拷問も可能だし、それが「絶対に禁止」されているわけではない、すなわち「違法ではない行為」である以上、責任を問われないということになりかねない。自民党でいま、このような憲法をつくろうとしているときに、「下」から「規制」を誓願するような行動をとるのは時宜にあっておらず、「在日」をめぐる問題を含むエスニック・マイノリティの問題を「人種」という概念で法規制をすることで問題はさらにこじれるように思える。もう少し「クール」になって考えた方がいい、というのが筆者のいつわらざる気持ちだ。

建物の話から外れたように思う。話を町家へと戻そう。いま、使い勝手が悪いとされる古い町家、古い農家などを再生するのは少数派だ。しかし、みんなが高気密住宅に住んでいるからといって、自分もそれにならうというのはあまり「かっこいい」話ではない。むしろ、人が何といおうと、自分の価値観をこうだと主張できることが「クール」ではないか。その一例として、筆者は京都で町家を取得し、それに住むということを実践した。その過程で、町家に暮らすこととは、古民家に住むということではなく、むしろ「つきあい」のなかに暮らすことだと発見した。

京都には古い都市としての魅力があるらしく、毎年一千万人以上の人が観光に訪れるし、関東の人間が京都に別宅を構えることも珍しくなくなった。そのぶん、宿泊所が足りず、家が足りないがゆえに、また町家が壊されて大規模なホテルがつくられ、マンションが建てられていく。このホテルとマンションに共通しているのは、気密性だけではない。他者とのかかわりの希薄さが特徴としてあげられる。日本の戦後の住宅事情は、まずは住むところを確保するところからはじまったが、いまは心地よい「他者への／からの無関心」を維持できるマンション暮らし、そしてホテル滞在といったものが隆盛を極めている。そんななか、筆者はファッションとしてのみ町家暮らしを楽しむのではなく、「つきあい」という、一見わずらわしいものこそが、京都の町家暮らしの核になるものであること、ゆえに「入れ物」が古い木造かどうかなど根本的な問題ではないということへの気づきを得た。そうなのだ、さまざまな社会からの「排除の経験」と、そのために愛国教育などに無関心でいられる「クール＝冷静さ」ゆえに、いま日本社会から消えつつある「わずらわしいつきあい」という「文化」を継承するというわが道を行くことになったのである。

筆者だってバカではない。この「つきあい」の世界が、戦時下には「隣組」を組織する土壌となっていったことは想像がつく。そのぶん、この「つきあい」にも危険性があるとは考えるが、現実問題として、日本であれ韓国であれ、生活をするうえではいわゆる社会との「つきあい」がなければ成り立たないことを考えれば、あえてそれに異議を唱えることはあまり意味をなさない。そして、その「つきあい」のなかで継承されていく文化は、例えば「日本人」の「誇り」などという、現在の韓国における「民族」主義教育と同じぐらい醜いものとはまったく異質の何かであると、筆者は信じている。

これらのことは、筆者が大学教授という比較的安定した地位にあるがゆえに得られたものではある。もし筆者が大学教授でなかったら、住宅ローンも組めなかったはずだし、返済だってできなかっただろう。その意味では、筆者はいま「強者」の位置に立ってしまっている。そして、だからこそ筆者はこの本を書くことにしたのだ。「強者」としての筆者にできる家づくりとそれを通して見た現代日本の「無関心」と、古い日本の「わずらわしいつきあい」、これをまっすぐに見つめなければ、筆者のような人間が、自分の家をつくることの意味などないではないか。

繰り返しになるが、低迷が叫ばれて久しい日本経済だが、そんななかで筆者は、家づくりをすることができた。そして、筆者はその出自から絶えず日本の「民族」からも、韓国や朝鮮の「民族」からも「クール」でいられた、いや「クール」にさせられてきた。だからこそ、筆者の家づくりは特殊なものとなったようだ。このつたない一冊の本は、筆者が妻とふたりで著す最初の本であると同時に、四〇代半ばの感性で日本の「文化」と向き合った記念碑としての意味がある、そう考えてこの本を書いた。こんな時代だからこそ、「クール」に生きたいと考える人にぜひ読んでいただければと、切に願う。

二〇一三年、筆者のひとりである齋藤由紀は、長年の夢が叶い約五カ月の留学生活をおくる機会を得た。留学先は、英国、オックスフォード。京都と同様、大学がある街ということで初めての海外留学生活でもより安心感があるだろうと考えたのである。英国には、英語を学ぶという目的のほか、イングリッシュガーデン、アフタヌーンティー、アンティーク家具など、筆者を魅了してやまない文化が多数ある。英国には、「古いものを大切にする」精神があるらしい。実際、英国では、住宅は古ければ古いほど貴重とされ、何代にもわたり受け継がれてきた建物が価値を持つ。

筆者が逗留させてもらったお宅も、オックスフォード中心街からバスで四〇分ほどの郊外に位置しており、想像どおりのレンガづくりの家に一階の建物面積を上まわる裏庭がある邸宅であった。筆者にあてがわれたのは、玄関から奥に進んですぐの約一二畳の部屋と、その左手にある専用のトイレ、シャワールームというもので、一人で暮らすには十分すぎる広さである。母屋は、リビング、ダイニング、キッチン、サンルーム、それに二階に寝室が五つ、そこに四人の家族で暮らす。京都でこれだけの広さの住宅を入手しようとしても、そう簡単には見つからない広さだ。しかし、このホストファミリー宅は、近隣のお宅とくらべて平均より少しゆとりのある程度のお宅であったといえるだろう。決して大きすぎる家ではなかった。期待と不安が入り交じる気持ちでタクシーから降りたとき、ホスト宅の前庭に植えられたラベンダーが風にそよぎながら出迎えてくれた。まだ紫の花はないものの、思わずほっとしたものだ。鳥の絵がステンドグラスで描かれている玄関戸をノックしたとき、これからはじまる留学生活への期待がグンと高まったことを思い出す。

住宅の佇まいに魅せられたのはホスト宅だけではなかった。毎日の通学の行き帰りの途上で、近所の家々の佇まいに思わず足を止めることがしばしばあった。前庭には、青、赤、黄、白など色とりどりの花々が芝生の緑に映える。植え方も、地植えや、鉢もの、ハンギングバスケットなどで高低にも工夫が凝らされて、目を楽しませてくれる。バスに乗れば乗ったで、重厚な石づくりの家などが奥まったところに建っているのを眺めることができる。いかにも年代を経ている。その家にたどり着くためには小道を通っていくようになっており、いったいあのお宅ではどのような暮らしが営まれているのだろう、と考えずにはおられない。ふと視界の横を動くものがある。リスだ。英国に従来いたのは赤い毛のリスだそうだが、今はグレーの毛色のものにしかお目にかかれない。それでもリスに出会えるなんてまるで童話の世界ではないか。

一つひとつの建物には、庭があり、隣りあっていても決してひっついていない。プライバシーということがきちんと守られている。それでいて、区画全体としては調和が保たれている。植えられている花たちの様子にも住人の個性やら趣味が息づいている。だから、いままで流れてきた時間がそれぞれに感じられるのだろう。

学校のある中心街にいたっても、赤いレンガで彩られた年代ものの建物が、街路樹のあいだから次々とあらわれる。季節によって趣を変えていくから、毎日通っていても新しい発見があることになる。だから、いく度もカメラのシャッターを切ってしまうことになった。毎日の通学がこれほど楽しかったことはない。個人の住宅と多数の人が集まる建物、大きさが違っていても、人が手をかけてきた建物が持つ味が漂ってくるところは同じである。リノベーションをしているところにも出会う。数日前にレンガをはずしていた家にまた、レンガで補修が施されていく。暖房システムが変わったから実際に使われている煙突は少ないだろうが、それでも屋根には煙突が大抵は突き出ている。

滞在から二週間ほど経った頃、週末はアフタヌーンティーに、級友と出かけることになった。担任の先生にお勧めのところを訊くと、「オールドパソナージュホテルがいい」とのこと。オールドパソナージュホテルは、オックスフォードではもっとも古い歴史を持つ。かくして週末の土曜日、友人たちとそのホテルの中庭、初夏の光を感じながら午後の英国式ティーを楽しむこととなった。中央には三段のケーキスタンド、下段にはサンドイッチ、中段にはスコーンと焼き菓子、上段にはケーキとチョコレートなどのスイーツが盛られている。これらを紅茶とともにいただく。庭の木々から漏れる日差しは八月の夏といえどもやわらかく、ティーのお代わりを頼みながら友人たちとおしゃべりに興じる。何といってもクロテッドクリームとベリーのジャムでいただいたスコーンの味が忘れられない。

それから一年後、筆者たちは英国からの独立か否かを問う選挙前のスコットランドの首都エジンバラにいた。こちらでお世話になったお宅もやはりエジンバラでは平均的な広さのものであった。逗留していた部屋の窓は、ホストマザーが丹精込めた中庭に面しており、バラ、フクシア、ひまわり、ダリアといった花たちが短い夏の陽を受けながら咲き乱れている。洗濯物を干していると、ホストマザーが「今日はとても天気がいいわ。ここは一年中、そう一年のうち、一二カ月は冬だから、今日のように晴れわたる日は珍しいわ」と冗談をいうので笑いあった。京都ではまだまだ残暑厳しい八月の盆過ぎである。京都の最低気温が、エジンバラではすでに最高気温にあたり、上着が手放せない。エジンバラ最大の夏のお楽しみ、ミリタリータトゥに出かけた夜は、冷え込みが厳しく、上着の上からレインコートを着て寒さをしのいだことが忘れられない。

ダイニングから中庭へと出る扉には、花模様のステンドグラスがあり、外の陽を受けてガラスから色が映り込む。ホストたちにとってこの家は三つ目の家だそうで、家の内外に少しずつ手を加えながら住みやすくしてきているとのことだ。日本のアンティーク店ではよく大きな鏡を見かけるが、筆者にはそれら鏡の置き場所についてイメージができないでいた。しかし、天井が高く部屋が広いと、鏡は実用的なだけではなく壁の装飾として申し分のないインテリアのひとつだということを知ることができた。エジンバラのホストたちは、絵画が趣味であることもあり、各部屋にはそれぞれ壁紙の色を意識した絵や鏡が飾られている。住まうことの楽しさを教えてもらえた。家具のなかではリビングにあるコファーが目をひく。アンティークオークションで手に入れたものだそうだ。古いものがここでも大切にされ、受け継がれてきている。外ではオックスフォードとは一味違った味を持つエジンバラの建物たちを楽しみ、なかでは、絵や鏡といったものの飾り方を学ばせてもらった。

京都では、散歩に出かけるたびに町家がひとつずつ姿を消していくのを目にし、町家のレストランに入ってきた人たちが「おもしろい」というのを耳にする。かの国の暮らし方から、土地にはその土地ならではの暮らし方があり、風土に合った家づくりがされてきていることを知った。帰国したのは、まだ残暑厳しい頃で、「京都じゃっかどふに」の鍵を開けると町家独特の冷気が、筆者たちを出迎えてくれた。「ただいま」、「これからもよろしく」、この家が過ごしてきた年月に感謝する。

参考文献一覧

第一部

有川浩　二〇〇九年『フリーター、家を買う。』幻冬舎

上田篤編　一九七六年『京町家　コミュニティ研究』鹿島出版会

上田篤・土屋敦夫編　一九七五年『町家　共同研究』鹿島出版会

上野瞭　一九八七年『砂の上のロビンソン』新潮社

京都市　二〇一五年　京都市文化財ブックス第二九集『剣鉾のまつり』京都市文化市民局文化芸術都市推進室文化財保護課

小池真理子　一九八八年『墓地を見おろす家』角川文庫

清水邦彦　二〇一三年「地蔵盆と両墓制――兵庫県豊岡市竹野町の事例」『宗教研究』八六巻四輯、日本宗教学会

祐成保志　二〇〇八年『〈住宅〉の歴史社会学　日常生活をめぐる啓蒙・動員・産業化』新曜社

多木浩二　二〇〇一年『生きられた家　敬虔と象徴』（四稿版）岩波現代文庫（初出一九七五年潮出版社、改稿版として一九七六年田畑書店、三稿版として一九八四年青土社）

野田浩貴　二〇〇〇年「歴史都市と景観問題――「京都らしさ」へのまなざし」片桐新自編『歴史的環境の社会学』新曜社

林英一　一九九七年　近畿民俗⑪叢書『地蔵盆――受容と展開の様式』初芝文庫

――――　二〇〇八年「明治政府の近代化政策と地蔵盆――地蔵盆の成立をめぐって」『日本民俗学』二五五号　日本民俗学会

平川隆啓・脇田祥尚・森保洋之　二〇〇八年「路地空間における祭礼がコミュニティ形成に果たす役割　廿日市市宮島町の地蔵盆を事例として」『広島工業大学紀要・研究篇』四二号

前場幸治　二〇〇六年『名棟梁が教える、完全無垢の家づくり　さらば、欠陥住宅！』廣済堂出版
真矢都　二〇〇四年『京のオバケ　四季の暮しとまじないの文化』文春新書
矢崎葉子　一九九〇年『それでも家を買いました』太田出版
山本理奈　二〇一四年『マイホーム神話の生成と臨界　住宅社会学の試み』岩波書店
宮崎駿製作、高畑勲監督　二〇〇三年　DVD　ジブリ学術ライブラリー『新文化映画　柳川堀割物語』ブエナ・ビスタ・ホーム・エンターテイメント

第二部

京都市景観・まちづくりセンター編　二〇〇九年『京町家の再生　Machiya Revival in Kyoto』光村古書院
宗田好史　二〇〇九年『町家再生の論理　創造的まちづくりへの方途』学芸出版社
細田守監督　二〇一二年　DVD『おおかみこどもの雨と雪』バップ

第三部

宇井洋著・石川純夫監修　二〇〇一年『古民家再生住宅のすすめ』晶文社
大平雅巳　二〇〇八年『カラー版　西洋陶磁入門』岩波新書
下橋邦彦　二〇一二年『喜寿に向かう風　下橋邦彦エッセイ集』素念書房
ジョン・ブライ著、小泉和子訳　一九九三年『イギリスの家具』西村書店
谷田博幸　二〇〇一年『図説　ヴィクトリア朝百貨事典』河出書房新社
平原毅　一九九六年「イギリスとフランス、塩と胡椒の哲学」『私の英国物語　ジョサイア・ウェッジウッドとその時代』講談社

降幡廣信　二〇〇九年『民家建築の再興』鹿島出版会
前場幸治　二〇〇六年『名棟梁が教える、完全無垢の家づくり　さらば、欠陥住宅！』廣済堂出版
南川三治郎　二〇〇五年『欧州陶磁紀行　マイセン／ウエッジウッド／セーブル』世界文化社
山本茂　二〇〇三年『京町家づくり千年の知恵「間口三間」を生かす独自のこしらえ』祥伝社
公益財団法人 祇園山鉾連合会　二〇一四年「平成二十六年度　祇園祭山鉾行事ご案内」

結び

李建志　二〇〇八年『日韓ナショナリズムの解体――「複数のアイデンティティ」を生きる思想』、筑摩書房

お世話になった企業・ショップ

アンティーク・カナダ　ANTIQUE CANADA（ネットショップ）http://www.antique-canada.net/
アンティーク レビオーサ　ANTIQUES Leviosa　http://www.leviosa.jp/fs/antique/c/all
〒553-0003　大阪市福島区福島4-8-19　グランデニューオーサカ101号
電話：06-6453-7030
ヴィクトリアンキャット アンティークス　Victorian Cat Antiques（ネットショップ）http://victoriancat.net/
ギャラリー遊形
〒604-8092　京都市中京区姉小路通麩屋町東入ル姉大東町551
電話：075-257-6880
コスタンテ アンティークス　Costante Antiques　http://www.costante-antiques.com/
〒603-8055　京都市北区上賀茂高縄手町107　ノースクレスト1F
電話：075-200-2994

プロ・アンティークス・コム　Pro Antiques "Com"　http://www.old-mall.com/com/
〒604-8183　京都市中京区三条高倉上ル東片町616　京都文化博物館前
電話：075-254-7536
ミキシングボウル アンティークス　Mixing Bowl（ネットショップ）　http://www.mixing-bowl.com/
〒465-0018　名古屋市名東区八前2-812
電話：052-777-3300
ディランド山京株式会社
〒612-8363　京都市伏見区納屋町124-2
電話：075-611-2001
リード・アーキテクト株式会社　http://www.lead-a.co.jp/index.html
〒601-8421　京都市南区西九条藤ノ木町97番地
電話：075-693-2880

執筆者略歴

齋藤由紀（さいとう・ゆき）

京都市左京区生まれ、伏見区育ち。大和大学教育学部准教授（英語教育）。京都教育大学大学院修了（教育学）。京都市立大淀中学および桃陵中学、京都御池中学校英語教諭、京都光華中学高等学校英語教諭を経て、京都ノートルダム女子大学文学部助手、平安女学院大学国際観光学部准教授などで英語および観光学を担当する。2014 年 4 月より現職。専門は英語教育、観光学。

主な業績として、「歌がつなぐ過去と今 ── パラオからの引き揚げ者の暮らしが語りかけてくるもの」（『引き揚げ者の戦後』所収、島村恭則編著、新曜社、2013 年）、「ある観光資源活性化の取り組み ── 伏見桃山城を舞台に和と輪で繋がる」（アジア太平洋観光交流センター「第 14 回観光に関する論文」奨励賞受賞論文、2008 年）、「和文化伝承イベントは成功したといえるのか ── 観光を巡る最近の話題を視座として」（『世新日本語文研究』2 号所収、台湾、2010 年）、「効果的な提示手法を求めて ── 電子黒板利用でまとめる力を育成する」（博報財団、2013 年度第 8 回児童教育実践についての研究助成事業）などがある。

李 建志（り・けんじ）

東京都品川区生まれ。本籍は韓国済州島。関西学院大学社会学部教授。東京大学大学院総合文化研究科比較文学比較文化専攻博士課程満期退学。京都ノートルダム女子大人間文化学部講師、県立広島女子大学国際文化学部助教授を経て、2010 年 9 月より現職。専門は比較文学比較文化・朝鮮文学朝鮮文化・表象社会論。

主な業績として、『朝鮮近代文学とナショナリズム ── 「抵抗のナショナリズム」批判』（作品社、2007 年）、『日韓ナショナリズムの解体 ── 「複数のアイデンティティ」を生きる思想』（筑摩書房、2008 年）、『松田優作と七人の作家たち ── 「探偵物語」のミステリ』（弦書房、2011 年）などがある。

京都の町家を再生する

家づくりから見えてくる日本の文化破壊と文化継承

2015年9月7日 初版第一刷発行

編　著　齋藤由紀

発行者　田中きく代
発行所　関西学院大学出版会
所在地　〒662-0891
　　　　兵庫県西宮市上ケ原一番町1-155
電　話　0798-53-7002

印　刷　株式会社クイックス

©2015 Yuki Saito
Printed in Japan by Kwansei Gakuin University Press
ISBN 978-4-86283-202-3
乱丁・落丁本はお取り替えいたします。
本書の全部または一部を無断で複写・複製することを禁じます。